Allitera Verlag

Thomas Wagner

»Zum Sterben für Deutschland geboren«

Die Hitlerjugend in Südbayern und ihre Hochlandlager

Allitera Verlag

Weitere Informationen über den Verlag und sein Programm unter:
www.allitera.de

2. Auflage
Februar 2018
Allitera Verlag
Ein Verlag der Buch&media GmbH, München

Umschlaggestaltung: Alexander Strathern und Dietlind Pedarnig, München, unter Verwendung einer historischen Ansichtskarte der 1930er-Jahre
Printed in Europe · ISBN 978-3-86906-464-2

Inhalt

Anhang

Prolog

In der ersten Hälfte des letzten Jahrhunderts versuchte in Deutschland eine verbrecherische Partei, der NSDAP, »neue Menschen« ohne jede Ethik, rassistisch antisemitisch und kriegerisch aggressiv zu formen. Damals dienten Zeltlager, frei vom Einfluss der Elternhäuser, Jugendliche zur »Radikalisierung« der Jugendlichen. Dort sollten Jugendliche zu einem brutalen und widerwärtigen Weltbild zu herangebildet werden. Inhalte dieser »Erziehung« waren Militarismus, glühender Hass auf Juden, Sinti und Roma sowie auf alle Schwächeren. Bei Kriegsende ließen sich aufgehetzte Hitlerjungen zu Massakern hinreißen und in aussichtslose Gefechte schicken. Das monströse Weltbild des Nationalsozialismus prägte und belastete leider auch die ersten Jahrzehnte der Bundesrepublik. Ich habe in dieser Ausgabe mehr Augenmerk auf die in der Hitlerjugend gepredigten NSDAP-Mythen gelegt. Auf Inhalte, die ich auch in Quellen der Hitlerjugend gefunden habe. Wer kennt Horst Wessel? Wer hat von Dr. Bernhard Weiß gehört – dem couragierten Vizepolizeipräsidenten von Berlin, der Dr. Goebels und seine SA couragiert bekämpfte?

Spruch auf der Vorderseite einer Werbebroschüre zum Hochlandlager 1934 in Murnau.

Sogenannte Pimpfe, Mitglieder des Jungvolks, im »Dritten Reich«.

Die Menschen sprechen heute offener über das Thema Hitlerjugend und die Informationen fließen nicht mehr so spärlich. Ich kann sagen: es war gar nichts gut an der Hitlerjugend. Der verstorbene Dr. Max Mannheimer sagte, keiner der heute in Deutschland lebenden Menschen sei verantwortlich, für das was damals geschehen ist. Aber wir tragen alle Verantwortung dafür, dass so etwas nie wieder geschieht. Dieser Band soll dazu beitragen, dieser Verantwortung gerecht zu werden. Ich möchte mich an dieser Stelle beim Verein Jugendsiedlung Hochland e. V. in Königsdorf, ganz besonders bei Herrn Roman Herzog und Herrn Josef Birzele herzlich für die Unterstützung bedanken. Ohne die Hilfe hätte dieser Band nicht aufgelegt werden können.

Thomas Wagner *Riegsee 2017*

»Volksgemeinschaft – Wehrgemeinschaft«. Zeichnung eines 15-jährigen Realschülers aus Gera. Das Bild wurde 1936 in einem Zeichenwettbewerb ausgezeichnet.

1 Hitlerjugend in Bayern

1.1 München wird zum Zentrum der Demokratiefeinde und Antisemiten

München stand nach der gewaltsamen Niederschlagung der zweiten, kommunistischen Räterepublik in der Landeshauptstadt Anfang Mai 1919 unter Kriegsrecht. Bis August 1919 herrschte das Militär mit Belagerungszustand und Standrecht in München. Die nach Bamberg ausgewichene Regierung und der Landtag kehrten erst im August aus Bamberg zurück. In der Zwischenzeit zerschlug General Arno von Möhl die radikale Linke vollkommen und marginalisierte die Mehrheitssozialdemokratie. Dagegen wurden alle rechten »gegenrevolutionären« Kräfte, einschließlich der völkischen Rechtsextremisten entschieden gefördert. München war für Antisemiten bereits seit längerem ein guter Standort. Eine wichtige Rolle spielte die Thule-Gesellschaft. Sie war im Sommer 1918 als logenartiger Bund im Rahmen einer bereits existierenden antisemitischen Geheimorganisation namens »Germanenorden« gegründet worden. Gründer und maßgebliche Figur war Alfred Rudolf Glauer. Er nannte sich Rodolf von Sebottendorf. Nach Ausrufung der ersten Räterepublik am 6. April 1919 organisierte die Thule-Gesellschaft Freikorps, mit Wissen der bayerischen Regierung, heimlich Freiwilligenverbände, die von früheren Offizieren der Bayerischen Armee geführt wurden. Glauer, alias Sebottendorf unterstützte die Gründung der Freikorps Epp und Oberland. Die Thule-Gesellschaft war im rechten Milieu Münchens und im Großbürgertum der Landeshauptstadt bestens vernetzt. Im zweiten Halbjahr 1919 spielte der »Deutsch-völkische-Schutz- und Trutzbund« eine entscheidende Rolle. Gegründet worden war der DVSTB im Februar 1919 in Hamburg. Die Münchner Ortsgruppe traf sich in den Räumen der »Thule-Gesellschaft«, im Hotel »Vier Jahreszeiten«. Dazu gehörten Hetzredner wie Dietrich Eckart, eine umtriebige Figur in der völkischen Intellektuellenszene. Er stellte der Münchner Ortsgruppe Hetzmaterialien zur Verfügung. Daneben hielt auch der Bauingenieur Gottfried Feder, der »Die Brechung der Zinsknechtschaft« verfasst hatte vor diesem Gremium Vorträge. Zu den prominenten Antisemiten in München gehörte auch der Verlagsleiter Julius Friedrich Lehmann, der medizinische Fachliteratur auflegte. Daneben veröffentlichte sein Verlagshaus auch antisemitische Pamphlete. Im zweiten Halbjahr 1919 überflutete eine Welle antisemitischer Hetze Bayern. Jüdischen deutschen Männern wurde vorgeworfen, sich während des Ersten Weltkriegs vor dem Frontdienst gedrückt zu haben. Das war eine infame Verleumdung: jüdische deutsche Männer haben sogar überdurchschnittlich oft für ihr Vaterland gekämpft. Einige Räterevolutionäre, wie Ernst Toller, Erich Mühsam, Gustav Landauer und Eugen Levine stammten aus jüdischen Familien. Obwohl die meisten Revolutionäre mit ihrem Judentum längst gebrochen hatten, wurden die demokratische Revolution im November 1918 und die Räterepubliken 1919, fälschlicherweise zum »jüdischen Unternehmen« erklärt. Aufgrund der Zuwanderung von Juden, die wegen des Bürgerkriegs aus der Ukraine nach München geflohen waren, wurde vor Überfremdung und direkt »Verjudung« gewarnt.[1] Am 5. Januar 1919 war die DAP, »Deutsche Arbeiterpartei« von dem Schlosser Anton Drexler gegründet worden. Das sollte ein antisemitischer Zirkel für Arbeiter werden. Am 12. September 1919 stieß der Gefreite Adolf Hitler, der zu dieser Zeit im Aufklärungskommando des 2. Infanterie-Regiments der Reichswehr mit bangen Gefühlen auf seine Entlassung aus der Reichswehr wartete, zu einer Versammlung dieser Partei im Sterneckerbräu im Tal. Der Gefreite, österreichischer Staatsbürger, war Dank der Initiative eines jüdischen Hauptmannes der Bayerischen Armee, Hugo Gutmann, seit 1918 Träger des Eisernen Kreuzes 1. Klasse. Hitlers damaliger jüdischer Vorgesetzter hatte dem einfachen Gefreiten Hitler am 4. August 1918 diese hohe Auszeichnung, die für gewöhnlich nur Offizieren zuerkannt wurde, nicht für Tapferkeit an der Front, sondern für den Dienst als Meldegänger im Regimentsstab, etwa 10 Kilometer hinter der Front, verliehen. Damit hatte Gutmann den Grundstock für den Mythos vom tapferen Gefreiten gelegt.[2]

Nach seiner Rückkehr aus dem Lazarett nach München, Ende 1918, erwartete auf Hitler die Entlassung aus dem Militär in die Perspektivlosigkeit. Die Reichswehr bot Adolf Hitler einen Ausbildungskurs zum »Aufklärungssoldaten«. Die zurückkehrenden Soldaten sollten vor dem Sozialismus gewarnt werden. In einem Ausbildungskurs wurde der Gefreite Hitler gut vorbereitet. Adolf Hitler erklärte nach kurzer Ausbildung schriftlich, dass die Juden »Rasse« und nicht »Religionsgemeinschaft« seien. Als »Aufklärungssoldat« besuchte Adolf Hitler sogar Rhetorikkurse an der LMU München. Hitler selbst gab später an, er sei im September 1919 zur DAP mit dem Auftrag gekommen, die Partei zu »beobachten«. Das ist Legende. Tatsächlich kam der spätere Parteiführer mit einigen Kameraden der Reichswehr im Auftrag seines Hauptmannes, um die Partei durch die Anwesenheit mehrerer Besucher propagandistisch zu stärken.[3] Einen Monat später trat der Gefreite Hitler der DAP bei. Die DAP sollte sich am 24. Februar 1920 in NSDAP »Nationalsozialistische Deutsche Arbeiterpartei« umbenennen. Die Mitglieder waren Angestellte, Handwerker und Beamte, nur eben kaum Arbeiter. Adolf Hitler durfte das 25-Punkte-Programm vortragen. Hauptattraktion war eine Ansprache des Arztes Johann Dingfelder.[4] Der Artikel des sehr konservativen Weilheimer Tagblattes vom 12. März 1920 stellt den Judenhass in München vor. Dabei wird die frühe NSDAP mit ihrer Vorliebe für die Feldherrenhalle erwähnt. Von Adolf Hitler war damals noch keine Rede.

> *»Die antisemitische Bewegung ist im Wachsen begriffen nicht nur im Norden, sondern auch bei uns in Bayern. Und was besonders hervorgehoben zu werden verdient: die Bewegung erfaßt alle Kreise und Stände; in München hat der Antisemitismus auch in der Arbeiterschaft Eingang gefunden* […]. *Vor der Feldherrenhalle machten sich Mitglieder der neugegründeten nationalsozialistischen Arbeiterpartei bemerkbar.«*[5]

Als Hetzredner machte Adolf Hitler die NSDAP in den Folgemonaten schnell zur Nummer 1 unter den antisemitischen Parteien in München. Die niederträchtige Hetze hatte Erfolg. Mit verheerenden Auswirkungen. Auch wenn die organisierten Arbeiter nicht so erreicht wurden, wie das die prominenten Deutschnationalen und Völkischen wünschten. Am 14. März 1920 musste nach dem Kapp-Lüttwitz-Putsch in Berlin, unter dem Druck von rechten Kräften aus den Einwohnerwehren, der Mehrheits-sozialdemokratische Ministerpräsident Johannes Hoffmann zurücktreten. Zum neuen Ministerpräsidenten wurde Gustav Ritter von Kahr gewählt. Kahr rief die »Ordnungszelle Bayern« aus. Bayern wurde zum autoritär geführten Staat. Bayern wurde bis zum Hitler-Ludendorff-Putsch am 9. November 1923 ein Paradies für Rechtsextremisten und Antisemiten. Ideale Bedingungen für die NSDAP zur Massenpartei aufzusteigen.[6] Mit Auftritten in Bierkellern und Gaststätten scharte der Weltkriegssoldat ohne Perspektive, Adolf Hitler, immer mehr Anhänger um sich und wurde zur Größe in der rechten Szene. Im Juli 1921 sicherte sich Adolf Hitler den Parteivorsitz, verbunden mit diktatorischen Vollmachten. Seit dem 11. November 1920 besaß die NSDAP, wie andere Parteien, einen »Ordnungsdienst«, den »Turn-und Sportverband«. Nach der Auflösung der Einwohnerwehren und der Übernahme vieler ehemaliger Mitglieder rechter Freikorps, in erster Linie des »Freikorps Oberland« wurde dieser Verband ab Juli 1921 zur paramilitärischen Parteitruppe, die Hitlers Machterhalt diente.[7] Durch geschicktes Taktieren wurde die NSDAP bis zum November 1923 zur Massenpartei. Hitlers gescheiterter dilettantischer Putschversuch vom 9. November 1923, seine milde Verurteilung und das einjährige Verbot der NSDAP schadeten dem Parteiführer nicht. Der neue Ministerpräsident Heinrich Held zog jetzt eine rote Linie zwischen »konservativ«und »rechtsextrem«. Nachdem Hitler aus der Haft in Landsberg am Lech am 21. Dezember 1924 entlassen worden war, hatte der Parteiführer nicht aufgegeben. Er versuchte nun, die Macht auf legalem Wege zu erhalten. Das Programm der NSDAP blieb im wesentlichen so dürftig und unmenschlich, wie es von Anfang an war. Die NSDAP schien keine Rolle mehr zu spielen. Es sollte Adolf Hitler später gelingen, auch überlegene politische Gegner gegeneinander auszuspielen.

1.2 Jugend in einer Zeit der Umbrüche

Jugendliche wandten sich damals nach der Kriegsniederlage nicht gegen die ältere Generation, wie das üblich ist, sondern gegen Altersgenossen, die andersdenkenden politischen Lagern angehörten. Jugendgruppen, die sich auf den Boden der demokratischen Verfassung stellten, waren selten. Auf den Friedensvertrag von Versailles reagierten Jugendliche in Deutschland ebenso mehrheitlich wie Erwachsene mit Trotz. Die Mitglieder der Organisationen der sogenannten »Bündischen Jugend«, das waren meist Söhne von Familien aus dem Großbürgertum, vertreten das Führerprinzip, übten Geländespiele und pflegten nationale Gedenktage. Mitglieder der Jugendorganisationen trugen »Kluften« (Uniformen), gaben sich militärisch und veranstalteten Zeltlager. Die Jugendorganisation der NSDAP übernahm diese Attribute, während hier allerdings in erster Linie völkische und antisemitische Lehren gepredigt wurden.

1.3 Anfänge und Aufstieg der Hitlerjugend

1.3.1 Adolf Lenk gründet die erste nationalsozialistische Jugendorganisation

Am 29. Juli 1921 erhielt der Klavierpolierer Adolf Lenk (1903–1987) – wohl auf Hitlers Anweisung – den Auftrag, die erste NS-Jugendorganisation zu gründen. Am 8. März 1922 erschien der Aufruf zur Gründung im »Völkischen Beobachter«, dem publizistischen Organ der NSDAP.[8] »Jugendliche beiderlei Geschlechts bis zum 18. Lebensjahr«[9] sollte die Jugendorganisation umfassen und sich in »Jungsturm« und »Jugendbund« gliedern. Die der SA unterstellte Jugendorganisation richtete sich ideologisch »antimammonistisch« und »antijüdisch« aus und hatte wohl hauptsächlich zum Ziel, männliche Jugend für die SA gewinnen. Die Neugründung war jedoch nicht von langer Dauer. Nach Hitlers Putschversuch vom 8. November 1923 wurde die Parteijugend zusammen mit der Mutterpartei und allen deren Gliederungen verboten.[10]

1.3.2 »Hitlerjugend – Großdeutsche Arbeiterjugend e. V.«

Am 18. August 1933, nach der Machtübernahme der Nationalsozialisten, berichteten die »Münchner Neuesten Nachrichten« unter der Schlagzeile »Kampf um das Gebiet Hochland« mit pathetischen Worten vom Aufstieg der Hitlerjugend in Oberbayern.[11] Lenks erster Versuch, eine NS-Jugendorganisation zu gründen, wurde nun gar nicht mehr erwähnt.

Mitglieder der einstigen »Jungstandarte«, erste Gefolgsleute von Emil Klein in München, 1933 beim Aufmarsch vor der Residenz, Höhe Feldherrnhalle.

Nach der Neugründung der NSDAP 1925 entstanden mehrere Jugendorganisationen, die das Programm der NSDAP übernahmen. Alle diese Gruppen beanspruchten, die Parteijugend der NSDAP zu sein. Darunter befand sich u.a. die vom Freikorpsführer Gerhard Rossbach gegründete »Schilljugend«. Auch Adolf Lenk versuchte nach der Entlassung aus der Haft in München – allerdings erfolglos – eine neue Gruppe, die »Deutsche Wehrjugend«, zu gründen.[12] Auf dem zweiten Parteitag der NSDAP in Weimar wurde am 5. Juli 1926 die von dem Studenten Kurt Gruber gegründete »Großdeutsche Arbeiterjugend e.V.« (GDJB) offiziell als Parteijugend anerkannt. Der Gauleiter von Franken und Herausgeber der antisemitischen Zeitschrift »Der Stürmer«, Julius Streicher (1885–1946), sorgte für die Anerkennung und auch den neuen Namen »Hitler-Jugend – Bund deutscher Arbeiterjugend e.V.« Kurt Gruber avancierte zum »Reichsjugendführer der NSDAP« und war der Obersten Stabsführer der SA (OSAF) unterstellt. Sitz der Organisation blieb Plauen im Vogtland. Das Bayerische Innenministerium ließ die Organisation sofort überwachen. Die Mitgliedschaft begann damals erst mit 14 Jahren. Die Hitlerjugend war damals eine Jugendabteilung der SA. Erst seit 1927 sollten alle Hitlerjungen, die 18 Jahre alt geworden waren, gemäß eines Parteierlasses in die NSDAP aufgenommen werden.[13] Die von der Bayerischen Politischen Polizei verfassten Berichte liefern deutliche Eindrücke zur Person und auch zur politischen Arbeit Kurt Grubers. Auf der Reichsführertagung der Hitlerjugend, die zwischen 28. und 31. Dezember 1928 in Plauen stattfand, wurde Kurt Gruber als »Reichsführer« das Vertrauen ausgesprochen und er wurde im Amt bestätigt. In seiner Eröffnungsrede sagte Gruber folgendes über die Hitlerjugend:

> *»Es liegt im Wesen der Hitler-Jugend, daß sie ebenso wenig wie die Partei mit anderen Parteien, mit anderen Jugendorganisationen verglichen werden kann. Die HJ ist weder ein politischer Wehrverband, noch ein antisemitischer Pfadfinderbund und sonst irgendein Konglomerat aus dem Geröll erstarrter Jugendbewegung. Sie ist auch nicht etwa Parteijugend schlechthin, die ihre Ideale ausgerechnet in kapitalistischen Dawesparteien sieht, sondern:*
>
> *Die Hitlerjugend ist die neue Jugendbewegung sozial-revolutionärer Menschen deutscher Art und volkshaften Wesens, verkettet mit dem Schicksal der Nation. Sie betont die Erziehung und Pflege der Persönlichkeit unter klarer Erkenntnis der gegebenen Verhältnisse und ihrer Forderungen.«*[14]

Die Hitlerjugend sollte – zusammengefasst – antisemitisch rassistisch und gleichzeitig sozialrevolutionär sein. Wie sahen Grubers Auftritte aus?

Ein Pädagoge, der Rektor eines Gymnasiums in Bayreuth, nahm am 1. November 1929 teil an einer Hitlerjugend-Veranstaltung, die von Kurt Gruber geleitet wurde. Seine Eindrücke formulierte er in einem Brief an den bayerischen Staatsminister für Kultus, Franz Xaver Goldenberger (1967–1948).

Titelbild »Die junge Front« der »Hitlerjugend-Zeitung« vom August 1929.

Die Versammlung der Hitlerjugend fand in Bayreuth am 27. Oktober 1929 im Sonnensaal statt. »Dieses Ereignis« – so der Pädagoge – »fand in Bayreuth und Umgebung in weitesten Kreisen der Bevölkerung die höchste Missbilligung«.[15] Mit Flugblättern war im Vorfeld für die Veranstaltung in der Oberrealschule und im Gymnasium geworben worden. 70 Jugendliche, Schüler der Fortbildungsschulen, Gymnasiasten und Oberrealschüler. Aber auch Volksschüler, ungeachtet eines bestehenden Verbots der Teilnahme an politischen Versammlungen, waren in der Veranstaltung gegen den Young-Plan, die von Kurt Gruber geleitet wurde, anwesend. Die Leitung der Volksschule hatte versäumt, über das bestehende Verbot zu informieren. »Die größte Zahl der Jugendlichen« sei ohne die Begleitung der Eltern oder eines Stellvertreters erschienen, bemerkte der Lehrer.

»20–30 Schüler« – der Pädagoge – waren sogar erst 10 bis 13 Jahre alt.[16] Teilweise waren die 13- bis 15-Jährigen in »Hitleruniformen« erschienen. Im Lokal redete sich Kurt Gruber in Fahrt, wie der Pädagoge berichtete. Gruber scheute sich nicht der Jugend zu erzählen,

> »*daß sie* [Anm. d. Verfassers: die Jugendlichen wegen des Young-Plans, der Kredite an das Deutsche Reich vergab und der von konservativen und rechten Parteien entschieden bekämpft wurde] *in nicht allzu ferner Zeit als Sklaven in die afrikanischen Kolonien verkauft würden und zwar Jünglinge, sowohl als auch Mädchen. Der Versammlungsleiter, war der hiesige Volksschullehrer Kolb, der sich in seinen Eingangsworten ähnlichem Sinne äußerte wie der Referent Gruber.*«[17]

Der Gymnasialrektor zog ein Fazit und bezeichnete Kurt Gruber sicher zutreffend als »Hetzredner der allerübelsten Sorte«.[18] Anwesende schulpflichtige Jugendliche, darunter auch 13- bis 15-Jährige nützten die Gelegenheit der Versammlung, um Bier zu trinken und Zigaretten zu rauchen.[19] Vor »Schmutz und Laster« bewahrte die Hitlerjugend die Jugendlichen sicher nicht. Die Jugendlichen wurden dagegen von Gruber und auch einem Volksschullehrer mit kruden Verschwörungsgeschichten gegen die Demokratie aufgehetzt. Diese Methode sollte die Hitlerjugend auch in Zukunft beibehalten.

1.3.3 Emil Klein und Franz Xaver Goldenberger

In München organisierten sich die ersten Anhänger der Hitlerjugend 1927. Im März 1928 besaß die Hitlerjugend in »München einschließlich der nächsten Umgebung […] nach eifriger Werbetätigkeit« fünf Sektionen, in denen 60 Mitglieder erfasst waren. Führer dieser Gliederung, die zunächst den Namen »Jungstandarte« trug, war der Student Horst Raecke. Als Stellvertreter wurde der »Student« Emil Klein genannt.[20] Nur drei Monate später stand Emil Kein selbst an der Spitze des Hitlerjugend-Gaus »Südbayern«.[21] Um Mitglieder zu gewinnen, gestaltete die Organisation eine eigene Weihnachtsfeier 1928 mit Gedichten, Vorträgen sowie kleinen Musikdarbietungen und Vorträgen. Neben der Vereinsmeierei und der Kulturarbeit vertrat die Gruppe ihre Standpunkte auch gewalttätig. Anhänger katholischer Jugendgruppen wurden mit den Fäusten attackiert.[22] Aus etwa 30 Mitgliedern, das waren Lehrlinge und Jungarbeiter, – die Zahl liefert eine Chronik des Hitlerjugend-Gaus »Südbayern« – bestand dieser Hitlerjugend-Gau in der Anfangszeit.[23] Klein gelang 1929 die Aufnahme des »Gauverbandes Süd der Hitlerjugend e. V.« in den »Landesverband Bayern für Jugendwandern und Jugendherbergen«. Die Aufnahme der Hitlerjugend war offenbar im Vorfeld auf große Bedenken gestoßen. In einem Schreiben an das Stadtjugendamt München bat Klein die Behörde um einen Zuschuss von 1000 RM. Die Hitlerjugend, Ortsgruppe München, habe bereits »große Kreise der Münchner Jugend« erfasst. Das war maßlos übertrieben.[24] Klein machte deutlich, die Hitlerjugend könne auf dem Gebiet der Jugendpflege mehr leisten mit einer »städt. Beihilfe«, wie sie verschiedene andere Jugendbünde erhalten. Sein Angebot klang interessant: durch sportliche Betätigung sollte die Jugend dem »drohenden sittlichen Verfall« entrissen werden. Das Jugendwandern sollte der Jugend als Ideal wiedergegeben werden.[25] Diesem Schreiben hatte Klein eine Satzung »Hitlerjugend-Bewegung e. V.« beigelegt, um den durchaus berechtigten Vorwurf, die Hitlerjugend sei nichts als Parteijugend, zu entkräften.

> *»Die Hitler Jugend ist nicht Parteijugend. Wohl trägt sie den Namen eines deutschen Frontsoldaten, der heute Führer einer grossen Freiheitsbewegung, doch vollständig getrennt führt die Hitler Jugend stets ihr Eigenleben als Jugendverband und verbindet sie nichts zur Partei als die Weltanschauung* [...].«[26]

Dass die »Weltanschauung« identisch war mit dem Programm der Mutterpartei und Jugendarbeit fehlte, verschwieg der Jungfunktionär. Weiter betonte der Jungfunktionär, die Hitlerjugend trete für »soziale und wirtschaftliche Besserstellung« und »kulturelle Erhöhung der Jugend« ein. Der »Schutz der werktätigen Jugend in den Betrieben und die Anlage von Spielplätzen« liege der Organisation ebenso am Herzen wie die »Einschränkung des Rauschgiftgenusses«. Daneben wehre sich die Hitlerjugend gegen »Schmutz in Wort und Bild«.[27] Mit immerhin 100 Hitlerjungen besuchte die Delegation des Hitlerjugend-Gaus »Südbayern« den NSDAP-Parteitag in Nürnberg, der vom 1. Bis zum 4. August 1929 abgehalten wurde.[28] Dazu liegt kein Einzelbericht vor. Aber aller Wahrscheinlichkeit nach bestand die Jugendarbeit dort aus dem Anhören von Reden, stundenlangem langweiligem Herumstehen und Vorbeimärschen an Parteifunktionären.

Im Rahmen der »ersten Besprechung der Jugendleitung mit den Eltern der Hitlerjugend« beruhigte Emil Klein seiner Hitlerjungen am 14. März 1930, dass es nicht beabsichtigt sein, »die Jugend dem Elternhaus zu entfremden, oder sich mit ihnen in abenteuerliche Unternehmungen zu stürzen«. Oberster Zeck der

Hitlerjugend sei es, die Jugend für den »Heimatgedanken und die Vaterlandsliebe zu erziehen«. Dies sollte auf »Ausflügen«, bei denen die Schönheiten der Heimat besonders gezeigt würden, erreicht werden. Dadurch sollte auch der Gedanke des Widerstands gegen die feindlichen Unterdrücker geweckt werden. Eine »Elternvereinigung der HJ« wurde im Anschluss an diesen Elternsprechabend gegründet. Deren Zweck war es, für die Hitlerjugend in München »zu werben und deren Ziele zu verbreiten«.[29] Eine zusammen mit der »Arbeitsgemeinschaft der Bündischen Jugend« geplante Demonstration am 22. März 1930 gegen die Gesetze zur Annahme des Young-Plans wurde von der Polizei verhindert. Die Hitlerjungen sollten eine Broschüre mit den Bestimmungen des Young-Plans verlesen und dann – als Zeichen des Protests – zerreißen. Der Young-Plan sah vor, die im Friedensvertrag von Versailles für Deutschland vereinbarten Summen zu senken. Wegen der langen Laufzeiten wehrten sich nationalkonservative und rechtsextreme Parteien gegen diesen Vertrag. Der NSDAP gelang damals auch mit der Jugendorganisation eine Annäherung an nationalkonservative Parteien. Der Ausbruch der Weltwirtschaftskrise war auch in Deutschland verbunden mit Massenarbeitslosigkeit und bescherte der bisher eher erfolglosen NSDAP Hochkonjunktur. Die Mitglieder der Jugendorganisation wurden – entgegen Kleins Bekundungen – bedenken- und skrupellos im Wahlkampf eingesetzt. Im Juni 1932 wurde die Hitlerjugend wegen brutaler Übergriffe zwischenzeitlich verboten.[30] Gleichzeitig baute Klein die Hitlerjugend rund um München aus. In Ingolstadt und Rosenheim wurden feste Stützpunkte eingerichtet. Zugleich wurden Führerkurse und Schulungslager abgehalten. Mädchengruppen bestanden 1932 in fast allen Stadtteilen Münchens.[31]

Der bayerische Kultusminister Franz Xaver Goldenberger (1967–1948) war seit 1926 im Amt. Auf die Hitlerjugend und besonders ihre manipulativen Jugendlager, reagierte die Staatsregierung konsequent: Das 1924 erlassene Verbot der Teilnahme minderjähriger Schüler an politischen Veranstaltung wurde Anfang der 1930er-Jahre, nach handgreiflichen Auftritten von Hitlerjugend, NSS (Nationalsozialistischer Schülerbund) und Jungvolk konsequent durchgesetzt. Damit wurde auch die Teilnahme minderjähriger Schüler an Veranstaltungen der SPD-nahen SAJ verboten. Die Veranstaltungen der Hitlerjugend wurden dadurch in den Untergrund gedrängt. Die konservative Zeitung »Bayerischer Kurier« – Vorläufer des »Bayernkuriers« – beurteilte die von Klein erwähnte angebliche »Unabhängigkeit der Hitlerjugend von der NSDAP« realistisch: Der Verfasser des Textes, erschienen am 8. Januar 1931, beschrieb eine Versammlung der Hitlerjugend und zog in der Überschrift ein Resümee unter der Schlagzeile: »Politische Verhetzung von Jugendlichen und Kindern«. Im »Schwabinger Bräu« sah der Verfasser dieses Artikels neben »Parteigenossen in Zivil, die SA im gewohnten Kriegsschmuck, in ähnlicher Aufmachung zeigte sich auch die eigentliche ›Jugend‹, sogar mit Parteiabzeichen, darunter sicher nicht wenige, die ihrem Aussehen nach – eine ganze Auslese von Dreikäsehoch – noch die unteren Volksschulklassen drückt.«[32]

> *»Wer etwa erwartet hatte, von neuen Wegen der Jugendbewegung, erzieherisch neuen Momenten etwas zu hören, wurde arg enttäuscht. Die Veranstaltung unterschied sich im ersten Teil nicht viel von einer der üblichen Hitler-Versammlungen. Der Referent Klein begnügte sich, tüchtig auf die anderen Parteien, insbesondere auf die Bayerische Volkspartei, zu schimpfen, die er als ›Gesellschaft verkalkter Spießer‹ bezeichnete.«*[33]

An einem Lichtbildvortrag fiel der »agitatorische Unterton« auf.

> *»Ein vorgeführtes Anschleichen im Gelände wurde zum Beispiel mit den geistreichen Worten begleitet: ›Das ist den Machthabern besonders unangenehm, weil sie fürchten, wir könnten uns einmal nach Berlin hineinschleichen‹ usw.* [...].«[34]

Ob eine solche parteipolitisch-agitatorische »Jugendbewegung« mit schulischen oder pädagogischen Zwecken vereinbar sei, sei eine Frage, die sich selbst beantworte.[35] Emil Kein sah diesen Kampf erwartungsgemäß anders. Klein habe, so berichtet eine Chronik der Hitlerjugend aus dem Jahr 1933, die den martialischen Titel »Kampf um das Gebiet Hochland« führt, im ersten Halbjahr 1931 in 40 Versammlungen über den Kampf der Hitlerjugend gegen ihre Widersacher gesprochen.[36] In jener Chronik aus dem Jahr 1933 heißt es weiter, in der zweiten Hälfte des Jahres 1931 sei der Terror gegen die Hitlerjugend fast unerträglich geworden.[37] In der schon öfters erwähnten Chronik werden katholische Geistliche als Hauptgegner der jugendlichen Hitleranhänger bezeichnet.[38]

Ein konkreter Bericht liegt zu einem Vorfall in einer Realschule mit angeschlossenem Landschulheim in Partenkirchen vor. Die Ereignisse erinnern an Aktivitäten moderner Neonazi-Kameradschaften. Der Heimleiter erhielt wegen »politischer Vorkommnisse in einem Jugendlandheim in Partenkirchen« eine Verwarnung von der Bezirksregierung von Oberbayern. Die Ereignisse erinnern Aktivitäten moderner Neonazi-Kameradschaften. Unter dem Deckmantel eines harmlosen Kegelclubs, dessen Bildung habe der Pädagoge unwissentlich gefördert, sei es zur Bildung einer Organisation gekommen, »die eine Sammlung der nationalsozialistisch gesinnten und den Anschluss an die ›Hitlerjugendbewegung‹ suchenden Heimzöglinge darstellte«. Eine Berghütte sollte als Stützpunkt dieser »politischen Bewegung in Betrieb genommen werden«. Während eines Ausflugs sei an einer Hütte ein »Hakenkreuz« eingeritzt worden. Zuvor wurde ein anderer Schüler gewaltsam attackiert. Unter Führung eines Heimzöglings habe ein »Sturm auf die Wiedergabe des Bildes der Mutter« eines anderen Schülers stattgefunden, weil das Bild mit dem Namen der Dame und »Paris« beschriftet gewesen sei. Frankreich galt in

Obergebietsleiter Emil Klein, um 1938.

Bayerischer Innenminister Franz Xaver Goldenberger.

rechtsextremen Kreisen in den 1930er-Jahren immer noch als »Erbfeind« des deutschen Volkes. Weiter wurde dem Institutsleiter vorgeworfen, die Eltern seiner Zöglinge nur unzureichend über die in Bayern geltenden Vorschriften informiert zu haben. Der Stiefvater eines volksschulpflichtigen Schülers habe mit seinem Stiefsohn eine Versammlung der »Hitlerpartei unter Führung des Jugendführers Emil Klein« besucht.[39] Dramatisch schildert die Chronik das »Leiden« der Hitlerjugend-Führer. »Zahlreiche HJ-Führer standen vor den Richtern des Systems und mußten sich aburteilen lassen«.[40]

Mit der SA im April 1932 wurden auch SS und Hitlerjugend – als Teilverbände der SA – verboten. Dieses Verbot versuchte die Hitlerjugend durch ihre Ausgliederung aus der SA zu umgehen. Dann begann ein Versteckspiel hinter einer Vielzahl von Decknamen. Die NS-Jugendorganisation trat zunächst unter dem Namen »Heimatfreude e. V.« auf. Klein protestierte im Juni 1932 im Namen einer anderen Organisation, der NS-Jugendbewegung. »Deutsche Arbeiterjugend«.[41] Im Sommer 1932 wurde in München das »Deutsche Jugendwerk« gegründet. Die Organisation, die alle NS-Jugendorganisationen umfasste: neben der Hitlerjugend waren das der NSS (NS-Schülerbund), das Deutsche Jungvolk und der BDM.[42]

Im Bericht wurde erwähnt, dass § 2 merke an, die »praktischen und ideellen Aufgaben« seien »erzieherischer und sozial-karitativer Natur«. Das ebenso im Text erwähnte »enge Vertrauensverhält-

Baldur von Schirach mit Adolf Hitler auf dem Parteitag der Macht 1934 im »Stadion der Jugend«.

nis« zum Führer der NSDAP wurde vorsichtshalber herausgestrichen. Am Ende des Jahres 1932 war die Hitlerjugend in Südbayern nahezu insolvent und durch die Sanktionen nahezu ausgeschaltet.[43]

1.3.4 Baldur von Schirach löst Kurt Gruber ab

Am 30. Oktober 1931 hatte der 24-jährige Student Baldur von Schirach (1907–1974) den brachial auftretenden Kurt Gruber an der Spitze der Hitlerjugend abgelöst. Von Schirach führte den Titel »Reichsjugendführer« der NSDAP und leitete die Hitlerjugend im Verband der Obersten SA-Führung. Der Sitz der Hitlerjugend wurde von Plauen nach München verlegt. Baldur von Schirach bewies taktisches Geschick. Um ein Verbot der Hitlerjugend abzuwenden, sorgte der neue »Reichsjugendführer« schnell für eine dauerhafte Ausgliederung der Hitlerjugend. Von Schirach wurde im März 1932 zum Amtsleiter der NSDAP ernannt.[44] Nach dem Ausscheiden des Leiters des NS-Schülerbundes, Adrian von Renteln, unterstand dem jungen Funktionär die gesamte Jugendarbeit der NSDAP. Diese »Jugendarbeit« bestand aus politischer Agitation. Die Hitlerjugend bemühte sich um Lehrlinge: Hitlerjugend-Betriebszellen wurden gegründet. Der neue Reichsjugendführer hetzte die Jugendlichen jedoch weiter bedenkenlos in Straßenkämpfe. Von Schirach zeigte in der zweiten Hälfte des Jahres 1932 sein Talent zu Organisation und Inszenierung. Auf dem »Reichsjugendtag der HJ« in Potsdam am 1. und 2. Oktober 1932 paradierten auf Einladung von Schirachs circa 70 000 Jugendliche, darunter 15 000 Mädchen, an Hitler vorbei. Die Hitlerjugend erschien nun als eine Größe, die nicht mehr zu ignorieren war. Dem Reichsjugendführer aus dem großbürgerlichen Elternhaus gelang die Aufnahme der Hitlerjugend in den wichtigen »Reichsausschuß Deutscher Jugend«. Damit gewann die radikale und antisemitische Jugendorganisation den Anschein von Seriosität.[45]

2 Gleichschaltung der Jugend

2.1 Machtübernahme der NSDAP und Gleichschaltung

2.1.1 Machtübernahme der NSDAP und der Hitlerjugend

Der erste demokratische Staat in Deutschland wurde oft als »Demokratie ohne Demokraten« bezeichnet. Die Weltwirtschaftskrise brach im Oktober 1929 aus. Der Monarchist und Demokratiegegner Paul von Hindenburg rief 1930 den Notstand aus, nachdem die Regierungskoalition aus Zentrum und SPD am Streit um den Arbeitgeberanteil an der neuen Arbeitslosenversicherung zerbrochen war. Gestützt auf Artikel 48 der Weimarer Verfassung konnte der Reichspräsident jetzt den Reichskanzler ohne Abstimmung des Reichstages einsetzen. Die deutsche Demokratie war bereits 1930 beschädigt Der neue Reichskanzler hieß Heinrich Brüning vom Zentrum. Der neue Regierungschef fuhr ein hartes Sparprogramm. Als zwei Notverordnungen des Reichspräsidenten vom Parlament abgelehnt worden waren, fanden am 14. September 1930 Neuwahlen statt. Unter Führung des Berliner Gauleiters Dr. Joseph Goebbels gab sich die bisher wenig erfolgreiche NSDAP – in der letzten Reichstagswahl hatten die Nationalsozialisten gerade einmal 2,6 Prozent der Wählerstimmen errungen – antikapitalistisch, dann wieder antikommunistisch, aber stets jugendlich. Jung, unverbraucht und tatkräftig gaben sich die NS-Aktivisten in ihrem Aktionismus. Schuld an der Wirtschaftskrise wäre das »System von Weimar« und Hilfe brächte die »Deutsche Volksgemeinschaft«.[46] Das Wahlergebnis der NSDAP stieg von 2,6 Prozent auf 19,3 Prozent. Die NSDAP-Fraktion wuchs von 12 auf 107 Mitglieder. Gewachsen war auch der Stimmenanteil für die KPD, allerdings nur von 10,6 Prozent auf 13,1 Prozent Das war marginal im Vergleich zur NSDAP. In den nächsten Jahren gewann die NSDAP noch weitere Wahlen und terrorisierte ihre Gegner. Auf dem Höhepunkt der Weltwirtschaftskrise waren in Deutschland sechs Millionen Menschen arbeitslos. Viele lebten auf der Straße. Die Wirtschaftskrise begann sich im Winter 1932/33 zu erholen. Statt zur Demokratie zurückzukehren, beging Reichspräsident von Hindenburg einen fatalen Fehler. Franz von Papen wollte sich revanchieren, dass er das Amt des Reichskanzlers so schnell verloren hatte. Er überredete Paul von Hindenburg, Adolf Hitler zum Reichskanzler ernennen. Die Entscheidung des über 80-jährigen Reichspräsidenten Paul von Hindenburg sorgte dafür, dass Adolf Hitler schließlich am 30. Januar 1933 zum Reichskanzler ernannt wurde. Mit einer Reihe von Verordnungen und Gesetzen sollten bürgerliche Politiker auch noch mithelfen, den demokratischen Rechtsstaat auszuschalten. Für den 5. März 1933 wurden Neuwahlen

Wahlpropaganda für die Reichspräsidentenwahl am 10. April 1932, Ansichtskarte.

angesetzt, um aus dem Präsidialkabinett eine gewählte Regierung zu machen. Obwohl im Kabinett drei nationalsozialistische Minister acht Ministern von »Kampffront schwarz-weiß-rot« sowie Stahlhelm, rechten Katholiken gegenüberstanden hatten, sollte es am 14. Juli 1933 nur noch eine Partei geben. In der Nachkriegszeit prägte sich der Begriff »Machtergreifung« ein. Wir sprechen heute von Machtübernahme. Am 27. Februar 1933 brannte der Reichstag. Die Hintergründe der Tat sind bis heute ungeklärt und werden sich möglicherweise nie klären lassen. Die Nationalsozialisten forderten eine Verordnung des Reichspräsidenten, die Hindenburg sofort ausstellte. Diese Verordnung wurde vom Reichskanzler Adolf Hitler, vom Reichsminister des Inneren, Wilhelm Frick und vom Reichsminister der Justiz, Franz Gürtner gegengezeichnet. Mit dieser Verordnung waren Beschränkungen der persönlichen Freiheit, des Rechts auf Meinungsäußerung, der Pressefreiheit, des Vereins- und Versammlungsrechts sowie Eingriffe in das Brief-, Post-, Telegrafen- und Fernmeldegeheimnisses verbunden. Die Reichstagsbrandverordnung bot auch die Grundlage für die massenhafte Verhaftung von Kommunisten und anderen Gegnern vor der anstehenden Reichstagswahl.[47] Trotz Ausschaltung der KPD und Lähmung anderer Gegner blieb das Ergebnis für die NSDAP dürftig: nur 43,9 Prozent der Wähler hatten reichsweit den Nationalsozialisten ihre Stimme gegeben. Nur mit 9 Prozent der Stimmen für die »Kampffront Schwarz-Weiß-Rot« wurde eine Mehrheit erreicht. Im Anschluss wurden die Landesregierungen aufgehoben und im Sinne der Nationalsozialisten neugebildet – Gegner wurden dabei ausgeschaltet. Die »Gleichschaltung« erfolgte in Bayern am 9. März 1933. Der Landesregierung unter Ministerpräsident Heinrich Held (BVP) wurde vorgeworfen, die innere Sicherheit nicht mehr garantieren zu können. Am Nachmittag des gleichen Tages war Franz Ritter von Epp, der »Befreier« Münchens von der Räterepublik, »Reichsstatthalter« und Adolf Wagner Gauleiter und kommissarischer Innenminister. Am 24. März 1933 stimmten die anderen Parteien im Reichstag – mit Ausnahme der SPD-Fraktion – für das »Ermächtigungsgesetz«. Damit besaß nur noch die Regierung das Recht Gesetze auf den Weg zu bringen und zu beschließen. Der Reichstag hatte sich entmündigt. Am 14. Juli 1933 gab es nur noch die NSDAP. Die Nationalsozialisten erließen an diesem Tag ein Gesetz, das die Neubildung von Parteien unter Strafe stellte.[48] Das gleiche Schicksal wie die Parteien, erlebten konkurrierende Jugendverbände.

Die Hitlerjugend, Ende 1932 zahlungsunfähig und am Ende, war im März 1933 plötzlich eine mächtige Organisation. Der kommissarische Innenminister und Gauleiter Adolf Wagner unterzeichnete Ende März 1933 ein Schreiben, in dem Klein ein Ende des »geistigen Terrors« gegen nationalsozialistische Zöglinge durch die Lehrer forderte.[49] Auch Überweisungen kamen bezeichnenderweise und nicht nur aus dem Bayerischen Innenministerium, das von Adolf Wagner, dem NSDAP-Gauleiter von München-Oberbayern und Protegé von

Werbeplakat der Hitlerjugend: »Störenfriede raus!« (1935).

Gebietsführer Emil Klein, nach der »Gleichschaltung« Bayerns kommissarisch übernommen worden war.[50]

Analog zum Prozess der Gleichschaltung des Staates strebte Baldur von Schirach im Frühjahr 1933 die Gleichschaltung anderer Jugendorganisation an – allerdings ohne rechtliche Grundlage. Dieser Prozess verlief mit Drohungen, offener Gewaltanwendung und Opportunismus. Denn viele Führer anderer Organisationen liefen zur Hitlerjugend über.

2.1.2 »Reichsausschuß Deutscher Jugend«

Der »Reichsausschuß Deutscher Jugend« war ein mächtiger Dachverband deutscher Jugendorganisationen. Die Hitlerjugend war gerade erst, im Herbst 1932, Mitglied geworden. Am 5. März, dem Tag, an dem die letzte – nicht mehr als »frei« zu bezeichnende Wahl stattfand, besetzten 50 Hitlerjungen kurzerhand das Gebäude des »Reichsausschusses Deutscher Jugend« in Berlin und Baldur von Schirach usurpierte kurzerhand den Vorsitz. Dieser Dachverband betreute damals immerhin fünf bis sechs Millionen Jugendliche. Wie konnte dieser nächtige Verband so schnell überrannt werden? Nach der Revolution im November 1918 und dem Ende der Monarchie schlossen sich die während der Kaiserzeit in der »Zentralstelle für Volkswohlfahrt« vereinigten Organisationen 1919 zu einem »Ausschuß Deutscher Jugendverbände« zusammen. Anders als im Kaiserreich, damals waren nur nationalistisch-bürgerliche Bünde akzeptiert worden, entwickelte sich dieser Verband zu einer ausgesprochen pluralistischen und jugendpolitischen Interessenvertretung. Neutralität bei völliger Autonomie der Mitgliedsverbände hieß das Prinzip der Satzung. Beschlüsse konnten nur einstimmig gefasst werden. Mitglieder waren nicht nur die Bünde der freien »Jugendbewegung«, konfessionell und politisch orientierte Verbände. Auch Verbände für Leibesübungen waren im »Reichsausschuß« organisiert. Ausgeschlossen blieben totalitäre Gruppierungen, wie der Kommunistische Jugendverband und die Hitlerjugend. Man sah sich als Gemeinschaft in einem gemeinsamen erlebten Lebensabschnitt. Es war ein pädagogischer, kein politischer Konsens. Hier lag der Schwachpunkt. Die Nationalsozialisten machten aus der Gemeinschaft die »Volksgemeinschaft«. Distanz zur parlamentarischen Demokratie, Führerprinzip, Militarismus und Antisemitismus teilten damals weite Teile der Bevölkerung. Man hielt sich aus politischen Dingen heraus und gab so den Extremisten den Weg frei. Der letzte Vorsitzende des »Reichsausschusses Deutscher Jugend«, General Voigt, trat sein Amt übrigens an Baldur von Schirach ab und wurde später Ausbilder für die Gelände- und Wehrsportausbildung von Hitlerjungen.[51]

2.1.3 Marxistische Jugendverbände

Der kommunistische Jugendverband Deutschlands (KJVD) wurde mit der KPD verboten. Die sozialdemokratisch geprägte SAJ war 1922 in Nürnberg aus dem Zusammenschluss von »Verband der Jugendvereine Deutschlands« und der USPD-nahen »Sozialistischen Proletarierjugend«. In der zweiten Hälfte der 1920er-Jahre setzen sich autoritärere Positionen aus der SPD durch. Gleichzeitig wuchsen die Konflikte mit den Nationalsozialisten. So wurde am 4. August 1932 ein Brandanschlag auf das SAJ-Heim in der Münchner Dom-Pedro-Straße verübt. Die SPD beschwerte sich immer wieder, dass die Polizeibehörden nach Anschlägen der Nationalsozialisten nichts unternahmen. Am 11. März 1933 wurde die SAJ von den Nationalsozialisten verboten.[52] In München besetzte die Hitlerjugend Heime der SAJ.[53]

2.1.4 Jüdische Jugendverbände

Zunächst nahm der »Wandervogel« um 1900 Mitglieder ungeachtet ihrer Religion auf. Eine der ersten lokalen jüdischen Wandergruppen war der »Breslauer Wanderverein 1907«. Nach einem antisemitischen Zwischenfall an mehreren Orten lokale In den folgenden Jahren entstanden lokale »Blau-Weiß« Bünde. Bestärkt von den Mitgliedern des Delegiertentages der »Zionistischen Vereinigung für Deutschland«, schlossen sich 1913 mit Wanderverein 1907 zusammen. Formen und Inhalte, wie Fahrten, Kluft und Lagerfeuer, Heimabende und Lieder entlehnten die Mitglieder der nichtjüdischen Jugendbewegung. Nach der Machtübernahme ließen die Repressionen nicht lange auf sich warten: 1933 wurden jüdische Verbände aus dem Jugendwerk ausgeschlossen; ab August 1934 durften die Mitglieder – nach staatspolizeilichem Verbot – keine einheitliche Kleidung mehr tragen.[54]

Die Reichsjugendführung löste die jüdischen Verbände nicht auf, sondern diese mussten dem bereits 1924 gegründeten »Reichsausschuß der jüdischen Jugendverbände« beitreten. Zionistische Gruppen wollten das Deutsche Reich verlassen und wurden deshalb vom NS-Regime unterstützt. Bis 1936 existierten fast nur noch zionistische Organisationen, denen ca. 50 000 Mitglieder, also 60 Prozent der jungen Juden angehörten. Sog. Hachscharah-Lager sollten auf die Auswanderung nach Palästina vorbereiten. Hier wurden Grundkenntnisse in Ackerbau, Gartenbau, Viehzucht, Hauswirtschaft und Handwerk für die »Alijah«. Die erwartete Auswanderung vermittelt. Doch 1941 wurde die Auswanderung von Juden untersagt. Einige Gruppen setzten ihre Arbeit fort, obwohl die Lager in »Zwangsarbeitslager« umgewandelt worden waren. Das Hachschara-Gut Neuendorf im Sande wurde als letztes Lager am 8. April 1943 aufgelöst und die Insassen nach Auschwitz-Birkenau deportiert. Dort wurden alle, bis auf wenige Überlebende, ermordet.[55] Aus dieser

Mai 1933: Stabschef der Hochseeflotte und Führer des Großdeutschen Bundes Adolf von Trotha vor 2000 Jungen des Großdeutschen Bundes im Zeltlager der Jugend in Grunewald.

Kontreadmiral Adolf von Trotha, 1926.

Gruppe stammte jedoch auch »Chug Saluzi«, eine Gruppe um Jizchak Schwersenz, die sich vorher in Berlin dem Widerstand anschließen konnte.[56]

2.1.5 Der »Großdeutsche Bund«

Die Mitglieder vieler Gruppen der »Bündischen Jugend« begrüßten die Machtüberlassung an die Nationalsozialisten. Zahlreiche bereits qualifizierte Jugendführer traten in die Hitlerjugend ein, wie der spätere Oberbannführer Thomas Stöckl, der Mitglied in der »Deutschen Freischar« war[57] oder Herbert Lahr, von 1925 bis 1930 Mitglied des »Deutschen Pfadfinderbundes«.[58]

Besonders national-konservative Bünde begrüßten den »kraftvoll geführten Staat« und feierten »nationale Gedenktage«. Die freiheitlicheren Bünde, wie die »Deutche Freischar«, der »Deutsche Pfadfinderbund«, die »Geusen«, versuchten ihre Eigenständigkeit durch den Zusammenschluss zum »Großdeutschen Bund« zu bewahren.

Sie schlossen sich im März 1933 unter Führung des Vizeadmirals Adolf von Trotha (1868–1940) zum »Großdeutschen Bund« zusammen. Von Trotha selbst, einst Teilnehmer am Kapp-Putsch, war sicher kein Anhänger der Demokratie.

Der »Reichsjugendführer der NSDAP« erklärte Reichskanzler Adolf Hitler, seine Machtstellung müsste für die schnelle Gleichschaltung anderer Jugendverbände gestärkt werden. Deshalb ernannte Adolf Hitler Baldur von Schirach am 17. Juni 1933 zum »Reichsjugendführer des Deutschen Reiches«. Am selben Tag löste von Schirach den »Reichsausschuß Deutscher Jugendverbände« auf.[59]

Von Schirach ließ als erste Amtshandlung den »Großdeutschen Bund«, wieder ohne rechtliche Grundlage, verbieten und das Vermögen konfiszieren. Der frisch gebackene »Reichsjugendführer« ehrte Admiral von Trotha in einer Grußadresse als Helden der Seeschlacht im Skagerrak, seine Tätigkeit als Jugendführer erwähnte von Schirach überhaupt nicht. Viele Bünde traten 1933 geschlossen der Hitlerjugend bei. Einzelne Bünde überlebten weiter: Der Bund der »Artamanen«, völkisch ausgerichtet, wurde erst 1934 in die Hitlerjugend inkorporiert und der Kern des HJ-Landdienstes. Berühmte Mitglieder der Artamanen waren der Reichsführer SS Heinrich Himmler und Rudold Höß, der spätere Kommandant des Konzentrationslagers Auschwitz. Die »Reichsschaft der Pfadfinder«, zusammengeschlossene

Mitglieder des Katholischen Bundes »Neu-Deutschland« am 7. Mai 1933 in München.

Pfadfinderbünde, genoss mit Rücksicht auf eventuelle Auslandsbeziehungen der Hitlerjugend (zum Beispiel zum Internationalen Pfadfinderbüro) noch bis 1934 Duldung. Dann wurde dieser Verband ebenfalls aufgelöst.[60] Einige Bünde, wie zum Beispiel die d.j.11 (Deutsche Jungenschaft, gegründet am 1. November 1929), unternahmen illegal Zeltlager und Fahrten.[61]

Die Mitglieder der »Bündischen Jugend« stammten überwiegend aus dem gehobenen Bürgertum. Dagegen gaben sich die Mitglieder der Hitlerjugend, die zum überwiegenden Teil aus der unteren Mittelschicht stammten, ausgeprochen »proletarisch« und wandten sich zunächst an Arbeiter und vor allem Mitglieder der unteren Mittelschicht. Erklärtes Ziel der im »Großdeutschen Bund« versammelten Führer war die Erziehung der Mitglieder zu eigenständigen Persönlichkeiten. Die Reichsjugendführung wollte das Bewusstsein für das Individuum in den Hintergrund drängen und die Einstellung für ein Kollektiv, die sogenannte Volksgemeinschaft, schaffen.

2.1.6 Konfessionelle Jugendverbände

Viele Mitglieder evangelischer Jugendorganisationen begrüßten die Regierung der Nationalsozialisten. Baldur von Schirach versuchte bald, diese Jugendorganisationen unter seine Kontrolle zu bringen. Die Situation schien günstig. Viele protestantische Jugendliche und ihre Führer hatten bereits vor 1933 mit dem Nationalsozialismus sympathisiert. Nachdem der Königsberger Militärpastor Ludwig Müller als Reichsbischof eingesetzt worden war, schien die gesamte evangelische Kirche unter die Kontrolle der Nationalsozialisten geraten zu sein. Von den Anhängern der »Bekennenden Kirche« konnten die Jugendverbände allerdings keine Unterstützung zur Erhaltung ihrer Unabhängigkeit erwarten.[62] Auch die Vertreter der oppositionellen »Bekennenden Kirche« hielten Zugeständnisse an die Regierenden für wichtig. So fiel es den protestantischen Jugendführern gegen Weihnachten 1933 nicht schwer, ein Abkommen zur Eingliederung der evangelischen Jugendgruppen in die HJ mit der Reichsjugendführung abzuschließen. Versöhnlich stimmte die protestantischen Jugendführer Schirachs Zusicherung, weiterhin Bibelstunden in Gruppen zu gestatten. Jugendliche, die das wahrnahmen, waren Schikanen ausgesetzt.[63]

Auf die katholischen Jugendverbände hatte die Hitlerjugend vorerst keinen Zugriff. Hitler plante am 20. Juli 1933 ein Konkordat mit dem Vatikan zu unterzeichnen. Deshalb war ein gutes Verhältnis zur Kirchenführung wichtig. Viele katholische Christen, darunter auch Geistliche, zeigten Sympathie für den Nationalsozialismus und hegten Illusionen. Katholische Jugendorganisationen nahmen am von der Führung des HJ-Gebiets 19 »Hochland« veranstalteten »Tag der deutschen Jugend« am 7. Mai 1933 teil. An diesem Tag fanden Gottesdienste und Kundgebungen der evangelischen und katholischen Bünde statt. Am gleichen Sonntag veranstaltete die Hitlerjugend eine »Großdeutsche Jugendkundgebung«. Die katholische Jugend führte einen »Aufmarsch der Zehntausend« durch. An dieser

Veranstaltung nahmen deutlich mehr Jugendliche teil als an der HJ-Veranstaltung. Noch im Juni träumte der Autor eines Artikels im »Süddeutschen Sonntagsblatt« offenbar von Gleichberechtigung:

> »*Stählernen Willen schufen sie alle, die Jugendbewegungen, ob sie mehr konfessionell orientiert sind wie zum Beispiel ›Neudeutschland‹ oder politisch wie die ›Hitlerjugend‹.*«[64]

Das war ein Irrtum: Gebietsführer Emil Klein hatte bereits am 7. Mai 1933 in München keinen Zweifel am weiteren Vorgehen der Reichsjugendführung gelassen:

> »*Genauso, wie Hitler die anderen Parteien überflüssig machte, genauso werden wir die ganzen übrigen Jugendverbände überflüssig machen. Wir dulden es nicht, daß jeder daherkommt und Jugend erziehen will. Wer sich nicht unter den Namen Adolf Hitlers beugen kann, der muß vernichtet werden* [...].«[65]

Die NS-Führung bemühte sich in den folgenden Jahren mit Diskriminierung, aber auch offener Gewalt, die Existenz illegal weiter bestehender katholischer Jugendgruppen auszuschalten. Auch wenn ab 1936 »bündische Umtriebe« verboten waren, im ländlichen Oberbayern und Schwaben blieben die katholischen Jugendorganisationen hartnäckige Gegner der Hitlerjugend-Gebietsführung.

2.1.7 Sportliche Einrichtungen

Bis 1936 sicherte Baldur von Schirach die Eingliederung der Sportjugend. Für bis 14-Jährige war sportliche Betätigung nur in der HJ möglich. Bis 19-Jährige konnten nur Mitglied eines Turn- und Sportvereins sein, wenn sie zugleich Mitglied in der Hitlerjugend waren.[66]

2.2 Aufgabe der Hitlerjugend im NS-Staat

Die Funktionäre der NSDAP sahen in der Hitlerjugend auch die Organisation, in der junge Menschen im ersten Lebensabschnitt als Bewohner des totalitär aufgebauten Staats geprägt werden sollten. Obwohl die Organisation ab 1930 angewachsen war, musste die Hitlerjugend erst Massenbewegung werden.

> »*Es wird künftig keinen Beamten mehr geben, der nicht die nationalsozialistische Jugendschulung und damit Jugendbewegung durchlaufen hat. Es ist klar, daß das gleiche für alle anderen Zweige des Volkslebens einmal gelten wird* [...].«[67]

Adolf Hitler formulierte dies in einer Rede in Reichenberg im Sudetenland, gehalten am 2. Dezember 1938, so: »[...] *denn sie werden nie mehr frei und sind glücklich dabei!*«[68]

2.3 Entwicklung der Hitlerjugend bis 1934

2.3.1 Mitgliederwerbung

Nach eigenen Angaben gehörten der NS-Jugendorganisation bereits 2,3 Millionen Mitglieder an. Die Reichsjugendführung warb mit aggressiven Werbekampagnen und attraktiven Angeboten, nicht immer legal, um Mitglieder. In Weilheim wurden 1935 »Gastkarten« für das Jungvolk ausgegeben. In einem Fall versuchte die HJ dort einen Schüler – ohne Einverständnis der Eltern – aufzunehmen.[69] Viele Jungen und Mädchen traten der HJ gerne bei. Denn die HJ bot Möglichkeiten, von denen die meisten Jugendlichen nur träumen konnten. Die Teilnahme an Zeltlagern, Fahrten und Sportveranstaltungen war zuvor nur einer begüterten Minderheit vorbehalten.

Marine-HJ am Riegsee 1934.

Innerhalb der HJ entstanden Sondereinheiten – nicht ohne Blick auf militärische Anforderungen – wie Marine-HJ, Motor-HJ oder Flieger-HJ. Damit wurden aber auch geschickt technische Interessen der Jugendlichen angesprochen. Während des ersten Hochlandlagers übte eine Einheit der Marine-HJ aus München auf dem Riegsee. In Spielscharen konnten Jugendliche in Orchestern oder Schauspielbühnengruppen auftreten.

2.3.2 Strukturen und Organisationen

Die Struktur der Hitlerjugend durchlief während der Existenz der Organisation viele Veränderungen. Nach der Machtübernahme musste sie an die stark angewachsene Mitgliederzahl angepasst werden. Mit Wirkung vom 1. Juli 1933 legte Baldur von Schirach die endgültige Gliederung der Teilorganisationen fest, die bis 1945 Bestand haben sollten.[70]

Die streng hierarchische Gliederung der Hitlerjugend, Stand 1940. Die Mitgliederzahlen schwankten stark.

Jungen		Mädchen	
Alter	Gliederung	Alter	Gliederung
10–14 Jahre	DJ (Deutsches Jungvolk)	10–14 Jahre	JM (Jungmädel)
14–18 Jahre	HJ (Hitlerjugend)	14–18 Jahre	BDM (Bund Deutscher Mädel)
18–21 Jahre »Glaube und Schönheit« (ab 1939)			

Für die Jugendbünde waren Halstücher und Hemden Zeichen der Identifikation mit der Gruppe. Im Gegensatz dazu dienten die streng am Militär orientierten Uniformen und Abzeichen der Hitlerjugend der Vereinheitlichung und sollten dem Träger als Teil der »Gefolgschaft des Führers« Ansehen verleihen.[71] Die Uniform mussten die Eltern der Mitglieder selbst anfertigen lassen und bezahlen. Familien, die sich das nicht leisten konnten, wurden bezuschusst.[72]

2.3.3 Vertikale Gliederung

Neue Gliederungen bestanden in Bayern ab 1931. An der Spitze standen nun die HJ-Gebiete, deren Einzugsgebiet sich an den entsprechenden NSDAP-Parteigau anlehnte. Den Gebieten waren hierarchisch abgestuft Untergliederungen unterstellt. Die Bezeichnungen lauteten bei allen vier Teilgliederungen anders. Bei DJ und JM fehlten die obersten Befehlsstellen – 1936 wurden auch die Instanzen des »Oberjungbannes« abgeschafft. 1934 umfasste ein HJ-Gebiet etwa 75 000 Jungen; ein Oberbann umfasste etwa 15 000 Jungen; der Bann circa 3000 Jungen. Auf der mittleren Ebene folgten Unterbann (circa 600 Jungen) und Gefolgschaft (circa 150 Jungen). Einer Schar gehörten circa 50 Jungen an, während eine Kameradschaft, die kleinste Einheit, aus 15 Jungen bestand. Im Jungvolk beziehungsweise im BDM und bei den Jungmädel existierte analog die gleiche hierarchische Gliederung. Die Banne trugen fortlaufende Nummern, die von Traditionsregimentern des Militärs übernommen wurden. Die Gebiete orientierten sich in ihrer territorialen Ausdehnung am vorhandenen NSDAP-Gau. Das HJ-Gebiet 19, »Hochland«, umfasste von 1931 bis 1939 in seinem Einzugsgebiet das Territorium der NSDAP-Gaue München-Oberbayern und Schwaben. Das Einzugsgebiet umfasste die Regionen der traditionellen bayerischen Regierungsbezirke Oberbayern und Schwaben. Strukturen und Gliederungen wurden verändert und weiterentwickelt. Die Hitlerjugend sollte neben Elternhaus und Schule der dritte Träger der Erziehung sein. Im März 1933 unterstanden jedoch dem Gebiet 19 nach Aussage des Gebietsführers Emil Klein knapp 2000 Mitglieder – keineswegs eine beeindruckende Masse.[73]

2.3.4 Ausbau des Herrschaftsmonopols

Im zweiten Jahr des NS-Regimes veranstaltete die Reichsjugendführung reichsweit den »Reichsberufswettkampf«. Damit konnte die HJ auf die Unterstützung der Deutschen Arbeitsfront rechnen. Nach den Bemühungen durch Werbung und Repression gegen konkurrierende Organisationen stieg die Zahl der Mitglieder auch im Gebiet Hochland stark an. Die Hitlerjugend besaß nun ungeachtet der erfahrenen Jugendleiter, die aus bündischen Organisationen in die künftige Staatsjugend gewechselt waren[74], nicht genug Führer. Deshalb stellte Baldur von Schirach das Jahr 1934 unter das Motto »Jahr der Schulung«.[75]

Scharnhorst-Jugend (»Jung-Stahlhelm«) marschiert durch den Markt Murnau (o. J).

2.4 Hitlerjugend in Murnau: Voraussetzungen und Entwicklung

Die Marktgemeinde Murnau am Staffelsee war bereits früh eine Hochburg der Nationalsozialisten. Das lag auch daran, dass hier Diplom-Ingenieur Gottfried Feder, Verfasser des Buches »Brechung der Zinsknechtschaft«, ein frühes Mitglied der DAP und später NSDAP hier seit 1919 ein Haus besaß. Eine NSDAP-Ortsgruppe bestand spätestens seit 1923. Während der ersten deutschen Demokratie übertrafen die Wahlergebnisse für die NSDAP die Ergebnisse der Partei im restlichen Bezirk Weilheim/Obb. deutlich. Bereits vor der Hitlerjugend existierte in Murnau die Jugendorganisation des »Stahlhelms«. Vor der Hitlerjugend existierte in Murnau ab etwa 1930 eine Gruppe des »Bayerischen Stahlhelms«, einer demokratiefeindlichen und nationalkonservativen Organisation, die 1929 aus dem Zusammenschluss von »Stahlhelm – Bund der Frontkämpfer« mit dem »Bund Bayern und Reich«, »Reichsflagge« und dem »Verband der Vaterländischen Bezirksverbände Münchens« entstanden war.[76] Der Sprecher des »Jung-Stahlhelms«, hieß Simet.[77] Eine »Nationalsozialistische Jugend« war später, kurz vor der Machtübernahme, 1932, zusammengerufen worden. Gründer war ein Lehrer. Lorenz Sonderer (1901–1961) war bei der Jugend wegen seiner Sportbegeisterung beliebt. Angestellt war Sonderer seit 1930 an der Volksschule im nahegelegen Sindelsdorf. Aus einfachen Verhältnissen stammend, hatte Lorenz Sonderer von 1916

Pfingsttreffen des späteren Unterbanns »Werdenfels« der Hitlerjungen im Markt Murnau, Fronleichnam 1933. Die Jungen bieten dem Allerheiligsten den »deutschen Gruß«.

bis 1922 die Lehrerbildungsanstalt Pasing bei München besucht. Für die Teilnahme am Ersten Weltkrieg war Lorenz Sonderer zu jung. Dafür trat der junge Mann 1922 dem »Bund Oberland« bei. Dieser Bund ging aus dem »Freikorps Oberland« hervor. Geprägt war dieser Bund von einer Mischung aus Gewaltbereitschaft und radikalem Nationalismus. In den Reihen des »Bundes Oberland« nahm Lorenz Sonderer dann auch am Hitler-Ludendorff-Putsch am 8./9. November 1923 teil. Schon in diesem Jahr machte Lorenz Sonderer sich für die »Säuberung« des Murnauer Sportvereins von »sozialdemokratisch eingestellten Ausschußmitgliedern« stark. Nach dem Scheitern des Putschversuchs und der Auflösung des »Bundes Oberland« trat der Pädagoge am 1. September 1929 der NSDAP bei, um die Mitgliedschaft am 1. Oktober 1931 wieder aufzukündigen.[78] Bei aller Begeisterung wollte Sonderer seinen Beamtenstatus als Lehrer nicht gefährden.[79] Ein Schritt, den er später während des NS-Regimes erklären musste. Im Februar 1933 trat Sonderer jedoch wieder der SA bei und am 1. März 1933 erneut der NSDAP. Der Hitlerjugend gehörte der Lehrer seit dem 15. März 1933 an. Das war eine Aufgabe, der sich der Pädagoge mit Eifer widmete und die auch seine eigene Karriere beschleunigte.[80] Der Lehrer war zweifelsohne für die NS-Jugendarbeit geeignet. Wie wenige Jahre später ehemalige Schüler berichteten, vermochte Sonderer »stets seine Umgebung als propagierender Nationalsozialist zur Begeisterung zu treiben«[81]. Im Oktober 1932 wurde die »Nat.Soz. Jugend« abends zu einem Pflichtappell befohlen.[82] Neben der NSDAP riefen am 31. Januar 1933 auch Hitlerjugend und

BDM zum Appell auf. Regelmäßige Zusammenkünfte fanden erst nach dem 21. März 1933 unter Führung Sonderers statt. An diesem Tag stellte der Volksschullehrer einen Trupp Hitlerjugend zusammen:

> *»Der Fackelzug nahm diesmal seinen Ausgang vom obersten Ende der Adolf-Hitler-Straße (Utzschneideranwesen). Dort gab es eine frohe Überraschung. Herr Lehrer Sonderer, dessen Organisationstalent sich schon oft bewiesen hat, hatte eine kleine Kompanie Hitlerjugend zusammengestellt. Mit Feuereifer hatte diese Jugend untertags etwas Marschieren und Gehen in Gruppenkolonne gelernt.«*[83]

Drei Monate später leitete Lorenz Sonderer den Unterbann 39/II und lud zum Pfingsttreffen der Hitlerjugend in Murnau ein. Am 7. Juni 1933 berichtete das »Oberländer Volksblatt« aus Weilheim: »Werdenfelser Jugend marschiert unter dem Hakenkreuz«.[84] Am Pfingstwochenende waren Hitlerjungen und BDM-Mädchen aus Garmisch, Partenkirchen, Weilheim, Schongau und Penzberg nach Murnau gekommen. Am Vorabend nahmen nach einem Parademarsch durch den Markt 2197 Hitlerjungen und BDM-Mädchen am »Pantlkeller« (heute Parkplatz West) Aufstellung. Vor den Jungen und Mädchen sowie den zahlreich anwesenden Murnauern hielt der Münchner Bürgermeister und Stadtrat Dr. Tempel eine Rede. »Nur weil uns die Zukunft gehört, gehört uns auch die Jugend.« Mit diesem Zitat von Dr. Josef Goebbels umriss der NS-Funktionär den Anspruch der NSDAP. Da die Jugend nicht verbildet sei, ließe sie sich nicht mit Halbheiten abspeisen. Die »jungen Leute wollen Inhalte sehen«, unterstrich der Jurist. Weil sie Leben habe und leben wolle, empfange die Jugend mit offenen Herzen die Sendung Adolf Hitlers. Die Inhalte sollten die Jugendlichen am nächsten Tag kennenlernen:

Nach einer Nacht in Murnauer Quartieren auf »Heu« und »Stroh« (offenbar verbrachten die Teilnehmer die Nacht in der Murnauer Turnhalle) folgte ein ebenso dicht gedrängtes wie eintöniges Tagesprogramm: An einem Feldgottesdienst an der Mariensäule nahmen zunächst 2000 Hitlerjugend-Mitglieder teil. 50 Jugendliche erlitten während des Festgottesdienstes wegen der sommerlichen Temperaturen leichte Ohnmachtsanfälle, berichtete das »Oberländer Volksblatt« aus Weilheim. Nach dem Mittagessen – zubereitet in Gulaschkanonen und Feldkesseln – folgte am Nachmittag ein weiterer Propagandamarsch aller Fahnen und Fähnchen durch den festlich geschmückten Markt. Anschließend defilierten 2480 HJ-Mitglieder am Denkmal König Ludwig II. vorbei, wo Mitglieder der lokalen NS-Prominenz und Gebietsführer Emil Klein die Parade abnahmen. Abschließend nahm der gesamte Unterbann als »Zeichen des Dankes« die Bezeichnung »Werdenfels« an. Den Murnauern attestierte der Autor als Tagungsort die »besten Erwartungen übertroffen« zu haben.[85] 1933 besaß der Jungbann I/26 – die eigene Abteilung des Jungvolks – sein Amtslokal in Murnau, im »Hotel Post«.[86]

3 Hochlandlager: die Schaffung des »Neuen Menschen«

3.1 Zeltlager der Hitlerjugend

> *»Jeder Jugendführer kennt die gemeinschaftsbildende Kraft des Lagers, er weiß, daß eine neuzeitliche Jugenderziehung im Sinne des nationalsozialistischen Reichsgedankens ohne Lagererziehung kaum denkbar ist.«*[87]

Die heranwachsende Generation hatte besonders große Bedeutung für die Nationalsozialisten. Während sich die Persönlichkeiten der jungen Menschen sich entfalteten sollten sie im Sinne des Nationalsozialismus geformt und geprägt werden.

Vorbild für die Zeltlager der Hitlerjugend war der Typ des Lagers, der sich bereits beim »Wandervogel« und in der »Bündischen Jugend« bewährt hatte. In der frühen Jugendbewegung war das Lager ein zentraler Punkt. Boten sich doch hier die besten Möglichkeiten zur Abgrenzung gegenüber der Erwachsenenwelt. Alles wurde von den Jugendlichen selbst organisiert. Baldur von Schirach bezeichnete das Lager als »idealste Form des Jugendlebens«, sogar als »schönsten Traum der Jugend«.[88] Diese Situation der Abwesenheit von Eltern und Lehrern wussten die Nationalsozialisten früh zu nutzen, um in der Prägephase der Jugendlichen ihre ideologischen Überzeugungen ungestört verankern zu können. Die frühen Lager der Hitlerjugend, vor und nach der Machtüberlassung an die Nationalsozialisten, ähnelten den bündischen Lagern und besaßen auf den ersten Blick den Charakter von Freizeitlagern.[89] Doch im Gegensatz zu den Lagern anderer Jugendbünde wurde hier gesteigerter Wert auf die ideologische Indoktrinierung gelegt.

Im Rahmen einer Kampagne gegen das Verbot der Teilnahme Schulpflichtiger an Veranstaltungen der HJ von Herbst 1931 bis zum Frühjahr 1932 zeigte die Münchner HJ-Gefolgschaft III (München West) eine Wanderausstellung. Diese sollte beweisen, dass die HJ die Jungen und Mädchen »nicht verhetze und verrohe«.

> *»Betritt man die Ausstellung, so leuchtet einem zunächst das Wiesengrün entgegen, auf dem sich zwei Zelte mit gestrafften Bahnen erheben [...].«*[90]

Im August 1931 hatte die Münchner HJ ein Sommerzeltlager in Waldkirchen (Bayerischer Wald) angekündigt. Das Bayerische Kultusministerium warnte die Erziehungsberechtigten.[91] Am 3. Oktober 1931 schritt die Gendarmerie in Neugrünwald

Augsburger Pimpfe auf dem Münchner Oberwiesenfeld, August 1933. Es wurden noch Fahnen mit Lokalkolorit getragen. Später ersetzten einheitliche Fahnen die lokalen Banner.

ein, um das Verbot der Teilnahme von Jugendlichen an einem Zeltlager der Hitlerjugend zu verhindern. Dieser Vorfall hatte ein gerichtliches Nachspiel.[92]

Im März 1933 hatte sich die politische Lage radikal geändert. In Bayern herrschten der NSDAP-Reichsstatthalter Ritter Franz von Epp und der NSDAP-Gauleiter Adolf Wagner (1890–1944). Besonders der bayerische Gauleiter Wagner trieb die Gleichschaltung Bayerns energisch voran. Ab März bekleidete Wagner kommissarisch das Amt des bayerischen Innenministers und protegierte die Hitlerjugend. Die Landeshauptstadt München, die zwei Jahre später den Namen »Hauptstadt der Bewegung« erhielt, regierten nun der NS-Oberbürgermeister Karl Fiehler (1895–1969) und sein nationalsozialistischer Stadtrat.

Unter diesen günstigen Bedingungen verkündete die Gebietsführung für das Wochenende vom 19. und 20. August in München anlässlich eines Gebietstreffens die Eröffnung eines »Riesenzeltlagers« auf dem Oberwiesenfeld (heute Olympia-Gelände). Angeblich übernachteten dort 40 000 Jugendliche aus Bayern und Schwaben in großen, jeweils 1000 Jungen fassenden »Aufmarschzelten«. Die Ausstattung deutet auf die gewollte Inszenierung hin. Daneben konnte man Regeln erkennen, die in den später durchgeführten »Hochlandlagern« galten: Das Zeltgelände wurde von der SA bewacht, Scheinwerfer beleuchteten nachts die Zeltstadt.

Riesenzeltlager mit Lautsprecherturm auf dem Oberwiesenfeld, München, August 1933.

Das gesamte Lager war eingezäunt. In der Mitte des Zeltlagers errichtete man einen Befehlsturm und ein Mikrofonhäuschen. Für Besucher waren – trotz des kurzen Bestehens des Lagers – feste Besuchszeiten vorgeschrieben.

Um 5 Uhr morgens wurde die gesamte Lagermannschaft geweckt. Ab 7 Uhr berichtete der Rundfunk aus dem Zeltlager. Nach Gottesdiensten für Gläubige beider christlicher Konfessionen begann das Tagesprogramm. Im Dante-Stadion führten Hitlerjungen vor Publikum gymnastische Übungen vor. Dort fanden auch weitere Sportübungen statt. Deutlich im Vordergrund stand jedoch die pathetische Selbstinszenierung der NSDAP und ihrer Funktionäre. In strömendem Regen mussten die Jungen und Mädchen an prominenten Parteimitgliedern in der Innenstadt Münchens vorbeimarschieren:[93] An der Feldherrnhalle nahmen die drei maßgeblichen Organisatoren der Hochlandlager, Reichsjugendführer Baldur von Schirach, Gauleiter von München-Oberbayern Adolf Wagner und Gebietsführer Emil Klein, die Ehrbezeigungen der Jugendlichen entgegen.

Nicht nur in Oberbayern veranstaltete die Hitlerjugend im Sommerhalbjahr 1934 Großzeltlager. Im Obergebiet West, diese Einheit umfasste die Gebiete Westfalen, Rheinland, Hessen, Hessen-Nassau und Rheinpfalz, sollten laut einer Meldung des

Organisatoren der Hochlandlager: Gauleiter Adolf Wagner (Zweiter von links ohne Mütze), Gebietsführer Emil Klein (Dritter von rechts) und Reichjugendführer Baldur von Schirach (in einem offenen PKW stehend), einen Vorbeimarsch mit »Hitlergruß« abnehmend vor der Feldherrnhalle während des HJ-Gebietstreffens vom 19. bis 21. August 1933.

»Völkischen Beobachters« circa 1000 größere und kleinere Zeltlager abgehalten werden. Im größten Zeltlager sollten 16 000 bis 20 000 Jungen beherbergt werden.[94] Das Hochlandlager wurde dennoch während der NS-Zeit und im Rückblick immer wieder als »das bekannteste« bezeichnet.[95]

Das Gebiet 19, »Hochland«, plante auch ein Großzeltlager. Auf einem HJ-Führertreffen des Gebiets 19 im März 1934 in München, kamen zunächst die Probleme des Gebiets zur Sprache. Der Gauleiter verkündete anschließend Maßnahmen, um die Mitgliederzahl zu erhöhen: Mit rauschendem Beifall quittierten die Teilnehmer Wagners Weisung, dass fortan ein ganzer Wochentag der Jugendbewegung eingeräumt werden sollte. Ein weiterer Schwerpunkt war die Erziehung der »Führer der Zukunft«. Hierfür stellte Gebietsführer Klein das »größte Jugendlager, das Deutschland je gesehen« habe, in Aussicht.

»Vom 1. August bis 28. August sollten dort 60 000 Jungen und Mädels Gelegenheit haben, den Nationalsozialismus zu erleben.«[96]

Ob das Gebiet in einem Jahr von 2000 auf 100 000 Mitglieder angewachsen ist, kann nicht bestätigt werden. Dennoch scheinen Unterführer gefehlt zu haben. Scheinbar hatte die Gebietsführung während der Wintermonate Großzeltlager als Konzept zur zügigen Ausbildung von Unterführern beschlossen. Erst 1934 gab es im Einzugsraum des Gebietes 19 drei Bannführerschulen: Räume im säkularisierten Kloster Weyarn, die Kasperlmühle im Mangfalltal sowie in Grünwald.[97] In Weyarn – der ersten Bannführerschule – könnten, so Klein, innerhalb eines Jahres nur jeweils 1000 Unterführer bis zum Unterbannführer in dreiwöchigen Kursen ausgebildet werden. Nötig seien jedoch 12 000 Unterführer gewesen. Ein weiteres, aber sicher nicht unwichtiges Ziel erklärte Emil Klein dem Rat der Marktgemeinde Murnau im Mai 1934. Die Menschen seien im zweiten Jahr der NS-Herrschaft die »alten« geblieben. Damit erklärte Klein die Kampagne gegen »Kritikaster und Nörgler«. Das »wirtschaftliche«, »egoistische« und »materialistische« Denken stehe voran.[98] Die Jugend sei jedoch Trägerin der nationalsozialistischen Mission – und das Ziel war der »totale«, der moderne Begriff lautet »totalitär« geführte Staat:

> *»Wir müssen die Garantie haben, daß der nationalsozialistische Staat seine Mission in der kommenden Generation voll erfüllt. Und deshalb ist es eine vordringliche Aufgabe, diese Generation so zu erziehen, daß nicht nur politische, sondern auch wirtschaftliche und kulturelle Nationalsozialisten entstehen und daß diese Jugend auch vollständig für den Nationalsozialismus lebt; denn heute sind wir vom totalen Staat noch weit entfernt* [...].«[99]

3.2 Gründer und Organisatoren der Hochlandlager

3.2.1 Gauleiter Adolf Wagner

Mit einer gewaltigen Machtfülle ausgestattet überwachte Adolf Wagner, Gauleiter des NSDAP-Traditionsgaus München-Oberbayern und ab März 1933 auch kommissarischer bayerischer Innenminister, die Gleichschaltung der Kommunen sowie die Durchsetzung der NS-Ideologie in Bayern. Geboren wurde Adolf Wagner am 1. Oktober 1890 in Algringen, Lothringen, als Sohn eines Bergmanns. Nach Besuch der Oberrealschule in Metz und Pforzheim studierte er Bergbautechnik in Aachen. Im Ersten Weltkrieg kämpfte er im Infanterieregiment 135 an der Westfront. Für seinen Kriegseinsatz wurde er mit dem Eisernen Kreuz II. und I. Klasse ausgezeichnet. Zweimal verwundet, musste dem Leutnant 1918 der rechte Unterschenkel amputiert werden. Als Kriegsversehrter kehrte er 1919 in Erbendorf (Oberpfalz) in seinen Beruf als Bergbau-Ingenieur zurück. Dort gründete er 1923 einen nationalsozialistischen Ortsverein. Zwischen 1919 und 1929 leitete Wagner als Direktor mehrere Bergwerksgesellschaften in der Oberpfalz und Österreich.

Nach dem missglückten Putschversuch 1923 zog er am 6. April 1924 für den »Völkischen Block«, eine Tarnliste, in den Landtag ein. Nach einer Treueerklärung für Adolf Hitler gehörte Wagner ab September 1925 der NSDAP-Fraktion im bayerischen Landtag an und leitete 1928 den NSDAP-Gau Oberpfalz. Ab 1929 erhielt er kommissarisch zusätzlich die Aufsicht über den Gau Groß-München. Nachdem die Gaue Oberbayern und München zusammengelegt worden waren, wurde Wagner 1930 zum Gauleiter des NSDAP-Traditionsgaus München-Oberbayern berufen.

Nach der Machtüberlassung an die NSDAP sorgte der Gauleiter ab dem 9. März – an diesem Tag wurde der Franz Xaver von Epp als »Reichsstatthalter« eingesetzt – für die schnelle Entmachtung der aus Mitgliedern der BVP bestehenden Landesregierung. Am 16. April 1933 übernahm Wagner endgültig das Amt des bayerischen Innenministers, das er einen Monat lang kommissarisch innehatte, und wurde stellvertretender bayerischer Ministerpräsident. Ab 1933 war Wagner auch Mitglied des bedeutungslos gewordenen Reichstags. Als Innenminister setzte Wagner den Reichsführer SS Heinrich Himmler (1900–1945) als kommissarischen Polizeipräsidenten in München ein. Damit sorgte Wagner für den ersten Schritt zum Terror gegen politische und andere NS-Gegner. Der Gauleiter teilte sich vier übrig gebliebene Ministerien in Bayern mit dem Ministerpräsidenten Ludwig Siebert (1874–1942) und unterstützte die bayerische Hitlerjugend über viele Jahre. Mit Drohungen und Schikanen wollte Wagner 1933 auch die katholischen Jugendgruppen in die Hitlerjugend integrieren. 1936 wurde Wagner zusätzlich bayerischer Kultusminister. Als größten Feind betrachtete er weiter die katholische Kirche.[100]

1940 befand sich der Gauleiter auf dem Höhepunkt seiner Macht. Der persönliche Kontakt zu Adolf Hitler verschaffte Wagner den Rückhalt für seine Machtfülle. 1941 ging er zu weit. Mit der Anordnung, alle Kruzifixe aus Klassenzimmern zu entfernen, brachte er Hitler gegen sich auf. Nach zwei Nachamputationen am Stumpf seines entfernten Beins im Juni 1942 erlitt Wagner einen Monat später einen Schlaganfall und konnte seine Ämter nicht mehr wahrnehmen. Am 12. April 1944 starb Adolf Wagner nach einem weiteren Schlaganfall.[101]

Gauleiter Adolf Wagner am 17. April 1944.

3.2.2 Obergebietsführer Emil Klein

Der gelernte Kaufmann Emil Klein war der geistige Vater und Organisator der Hochlandlager. Seine 1985 gedruckten »Erinnerungen« liefern nicht nur wichtige Informationen zur Organisation der ersten Hochlandlager, sondern auch zu den Funktionären der Hitlerjugend im Gebiet 19 und ihrer Rolle in der Zeit des Nationalsozialismus. Die Hochlandlager leitete Emil Klein nur bis 1936 persönlich, er hatte aber auch danach großen Einfluss auf die Leiter der Lager.

Der spätere Obergebietsführer wurde am 3. Dezember 1905 als uneheliches Kind in Oldenburg geboren. Über seine Mutter erhielt Emil Klein die österreichische Staatsangehörigkeit. Seine Mutter brachte den Jungen in ihre spätere Ehe mit. Emil Klein besuchte die Volksschulen in Innsbruck, Meran und München. Dort kam der Junge später auf die höhere Handelsschule, um Kaufmann zu werden. Ein Praktikum absolvierte er bei der Bank Witzic & Co. Danach war er in der Münchner Rhonbank, ab 1925 als Prokurist und ab 1927 als Steuerberater in Revisions-Kanzleigemeinschaft Eugen Klein, der Vater seines Stiefvaters tätig. Zwei Jahre später wurde der 24-Jährige Mitinhaber dieser Firma.

Während des Ersten Weltkriegs war der Jugendliche Mitglied der bayerischen paramilitärischen Jugendbewegung »Wehrkraft«. Nach Kriegsende begeisterte sich Emil Klein für die Freikorps, besonders für ihren Einsatz in der Räterepublik. 1921/22 war Emil Klein Mitglied im »Bund Oberland«. Kurz davor hieß diese Gruppierung, die sich aus einem bürgerlichen, einem soldatischen und jugendbewegten Spektrum zusammensetzte, noch »Freikorps Oberland«. In Oberschlesien hatte das Freikorps Oberland in den Kämpfen zwischen Deutschen und Polen mitgekämpft. Zudem nahm Klein an einer infanteristischen Grundausbildung im Infanterieregiment 19 der »Schwarzen Reichswehr« teil. Insbesondere rechte Kreise trafen sich in der »Schwarzen Reichswehr«, einer Truppe deren Existenz gegen den Versailler Vertrag verstieß, um an illegalen Wehrübungen teilzunehmen. Auch deshalb trat er wohl bereits im Alter von 14 Jahren der NSDAP bei. Als SA-Mann nahm er am Coburger Aufmarsch 1922 und 1923 am Hitler-Ludendorff-Putsch teil. Wegen der Teilnahme am Putschversuch von 1923 galt Klein als »Alter Kämpfer« und trug den Blutorden. Mit der niedrigen Mitgliedsnummer 47 014 trat er bereits 1925 wieder in die Partei ein.[102]

Gestützt auf diesen Rückhalt aus der Münchner NSDAP und seinen Ruf als »Organisationstalent« bei der Reichjugendführung organisierte Emil Klein nicht nur Aufmärsche, sondern plante auch Großzeltlager des Gebiets 19, »Hochland. Im Oktober 1935 wurde Klein zum Obergebietsführer befördert und 1936 wurde der Hitlerjugendführer Mitglied des Reichstags.[103] Als auf Kleins Veranlassung hin die HJ-Bannführer jüdische Familien zwangen, Immobilien abzutreten, suchte Klein persönlich den jüdischen Rechtsanwalt Dr. Krämer auf. Nach Aussage

Obergebietsführer Emil Klein mit HJ-Angehörigen beim Essen im Hochlandlager Juli/August 1936 in Königsdorf (Vierter von links mit Brille).

von Kleins Mitarbeiter Bauschmid reagierte dieser »sehr arrogant und frech« auf die nächtliche Ruhestörung. Klein sandte noch einmal eine Gruppe zu Dr. Krämer, die ihn als »Strafe« mit dem Auto ein Stück herumfahren und dann barfuß nach Hause gehen lassen sollte. Beim dem Autofahren mit den HJ-Bannführern wird es nicht geblieben sein. Krämer war am nächsten Tag tot. Klein und seine HJ-Bannführer erbeuteten in der Reichspogromnacht und den Nächten danach 2183,62 Reichsmark in bar und 127 800 Reichsmark in Schecks und Bankanweisungen.[104] Das anschließende Verfahren wegen der Erpressung und des Tötungsdeliktes vor dem Parteigericht der NSDAP wurde am 10. Februar 1939 eingestellt.[105] Klein wurde aus der HJ entfernt, aber dank der Patronage von Gauleiter Adolf Wagner wieder eingesetzt. Nur die Verbeamtung im Staatsministerium für Unterricht und Kultus wurde dem HJ-Obergebietsführer aufgrund des Verfahrens nicht gewährt. Während der Tätigkeit im Staatsministerium für Unterricht und Kultus gewährte Klein Gefolgsleuten Vergünstigungen. Klein besetzte die Stelle des Stellvertreters für die Abteilungsleitung für Abteilung II, »Angelegenheiten der Jugenderziehung, Ertüchtigung, Jugendpflege« Referat 8 mit dem Oberbannführer Bauschmid. Nach dem Aufenthalt in mehreren Internierungslagern wurde Klein noch 1950 in der Spruchkammerverhandlung vier Mal der Gruppe I (Hauptschuldiger) und acht Mal der Gruppe II (Belasteter) zugeordnet. 1953 wurden die letzten Beschränkungen aufgehoben. Klein handelte weniger mit dem Ziel, sich zu bereichern, sondern vielmehr als überzeugter Antisemit. Bis zur Rente arbeitete Klein als Prokurist in einer Möbelfirma und bis zu seinem Tod glaubte er an den Nationalsozialismus.[106]

3.2.3 »Reichsjugendführer« Baldur von Schirach

Adolf Hitler ernannte den 24-jährigen Baldur von Schirach am 30. Oktober 1931 zum »Reichsjugendführer der NSDAP«. Der junge Mann mit weichen Zügen sah gar nicht aus wie das von ihm geforderte Idealbild des Hitlerjungen. Von Schirach wollte die gesamte Jugenderziehung außerhalb von Elternhaus und Schule unter seine Kontrolle bringen. 1934 übernahm Baldur von Schirach die Schirmherrschaft über das Hochlandlager 1934. Der Führer der »Arbeiterjugend« wuchs großbürgerlich auf. Geboren wurde der spätere Reichsjugendführer am 9. Mai 1907 als Sohn des Theaterdirektors Karl von Schirach und dessen US-amerikanischer Ehefrau Emma. Früh begeisterte sich Baldur von Schirach – wie seine Eltern – für Adolf Hitler. Bereits 1925 trat er der NSDAP bei. 1927 nahm Schirach ein Studium der englischen und deutschen Philologie sowie der Kunstgeschichte in München auf und übernahm den Vorsitz des NS-Studentenbundes. Die Parteiarbeit nahm ihn so in Anspruch, dass der spätere »Reichsjugendführer« sein Studium ein Jahr später abbrach. 1929 wurde Schirach Herausgeber des »Akademischen Aufbruchs«. 1931 integrierte er NS-Studentenbund und NS-Schülerbund in die Hitlerjugend. Der erste

Baldur von Schirach, 1933.

Reichsvorsitzende der Hitlerjugend, Kurt Gruber, wurde entmachtet und Schirach stand bis 1940 an der Spitze der NS-Parteijugend. Baldur von Schirach führte die Hitlerjugend in der Zeit unmittelbar vor der Machtübernahme an die NSDAP und sorgte für die Ausschaltung gegnerischer Gruppen. Diplomatisch geschickt organisierte er den »Jugendtag von Potsdam« und brutal verfügte er die Auflösung und Inkorporation anderer Jugendorganisationen. Ab 1936 verfolgte er das Ziel, die Hitlerjugend zur Staatsjugend zu machen. Faktisch gelang ihm dies 1936. Im selben Jahr wurden auch die juristischen Voraussetzungen geschaffen. Nach kurzem Militärdienst 1940 wurde Baldur von Schirach als Gauleiter von Wien eingesetzt. Im Nürnberger Verfahren gegen die Hauptkriegsverbrecher beteuerte von Schirach, niemals Militarist gewesen zu sein. Er habe die Jugend stets zu »Weimar und Goethe führen wollen«.[107] Doch die paramilitärische Vorbereitung der Hitlerjugend auf einen Angriffskrieg konnte ihm nicht nachgewiesen werden. Von Schirach wurde wegen seiner Beteiligung an der Deportation der Wiener Juden zu 20 Jahren Haft verurteilt. Der ehemalige »Reichsjugendführer« starb verarmt am 8. August 1974 in Kröv an der Mosel.[108]

Der Riegsee, mit Blick auf Froschhausen, 1950er-Jahre.

3.3 Die Hochlandlager zwischen 1934 und 1936

3.3.1 Das erste Hochlandlager bei Murnau 1934

Auswahl des Geländes

Für das erste Hochlandlager liegt eine vergleichsweise gute Quellenlage vor. Der ehemalige HJ-Obergebietsführer Emil Klein verfasste 1985 – allerdings sehr einseitig – seine Erinnerungen[109] Eine vollständig erhaltene Lagerordnung enthält den Dienstplan des Hochlandlagers 1934[110] und Gerhard Pantels Band »Unser Hochlandlager« aus dem Jahr 1935 liefert weitere, teilweise sehr detaillierte Informationen.[111]

Die idyllische Landschaft des bayerischen Alpenvorlands – jedoch nicht zu weit entfernt von Krankenhäusern und anderer Infrastruktur – schien den Nationalsozialisten ideal. Hier sollten Jugendliche, ohne Ablenkung aus der Großstadt und durch die Familie, im Sinne der NS-Ideologie geprägt werden. Den Anstoß zur Wahl des Platzes für das erste Hochlandlager lieferte Lorenz Sonderer, Volksschullehrer und Führer des Bannes B 26 Werdenfels. Der Auswahlprozess war laut Klein »anspruchsvoll« und das Gelände sei zu unterschiedlichen Zeitpunkten von den HJ-Funktionären besucht worden – einen Zweck für diese mehrmaligen Erkundungen des Geländes nannte der Gebietsführer nicht.[112] Kriterien für die Auswahl waren jedenfalls, neben der Eignung der Landschaft, auch die bezahlbare Einrichtung eines Wasser- und Telefonanschlusses. »Vierzehn Tage nach Ostern« war die Entscheidung für das Gebiet um Murnau gefallen.[113]

Nach Ansicht Josef Remolds, Leutnant der Polizei und im Hochlandlager Leiter der Geländeausbildung, sei es problematisch gewesen, die Zustimmung zu erhalten, da sich das Gebiet im Besitz von nicht weniger als »80 Bauern« befunden habe. In einer Versammlung habe Remold zu seiner größten Freude mehr Begeisterung – verständlicherweise nach Ankündigung großzügiger Entschädigungen – gefunden für das »Werk der Jugendertüchtigung« als manchmal bei den Schichten der Intellektuellen der »Groß-Stadt«.[114] Diese Versammlung hat wohl im Mai 1934 stattgefunden. Das »Oberländer Volksblatt« berichtete jedenfalls im Mai 1934 von der öffentlichen Bekanntgabe in den Dörfern Aidling und Riegsee. Die Nachricht sei mit »heller Freude« aufgenommen worden.[115]

Organisation

Für das erste Hochlandlager startete die HJ-Gebietsführung eine breit angelegte Werbekampagne in Zeitungen und sogar im Rundfunk.[116] Am 8. Juni 1934 wurde Vertretern der Presse nach einem Vortrag auf einer Fahrt das »noch unangetastete Lagergelände« präsentiert.[117] Die folgende Anzeige gibt sich harmlos und lässt nichts von erstrebtem Kollektiv und von Nationalsozialismus erkennen:

> *»Alle erdenklichen Arten von Spiel und Sport werden keine Langeweile aufkommen lassen. Sportgeräte aller Art werden beschafft und den Gliederungen ausgehändigt, die sie auch späterhin behalten werden. Baden am Ufer des Riegsees, Wanderungen in die einzigartige Voralpenwelt, werden im Wechsel stehen mit wehrsportlichen Übungen, geleitet von auserlesenen Sportleh-*

Aufforderung zum Schmuck des Orts, »Murnauer Tagblatt«, 24. Juli 1934.

Aufruf!

Am kommenden Samstag und Sonntag kommen

6000 Hitlerjungen zum Hochlandlager.

Die gesamte Einwohnerschaft Murnaus wird gebeten der Freude und dem Willkommgruß Murnaus in einem

noch nie dagewesenem Schmuck der Straßen und Häuser

Ausdruck zu verleihen.

Heil Hitler!

Der Führer des Bannes B 26 Werdenfels

gez. Lorenz Sonderer.

> *rern und einer Freizeit, die es jedem Jungen ermöglicht, seinem Eigenleben nachzugehen.«*[118]

Es gab aber auch klassenkämpferische Töne wie etwa im Presseorgan der NSDAP, dem »Völkischen Beobachter«:

> *»Kein höherer Schüler hat ein inneres Recht auf 70 Tage Ferien im Jahre, solange nicht auch der Jungarbeiter die Erholungszeit besitzt, die er haben muß, und die ihm die Jugend Adolf Hitler und vor allen Dingen Adolf Hitler selbst besorgen wird.«*[119]

Wohl um die Ortschaften einzustimmen, fand am 21. Juni 1934 eine Sonnwendfeier, eines der Hauptfeste im NS-Feierkalender, in Aidling statt. In Anwesenheit von 120 Schulungsteilnehmern der Gebietsführerschulen Weyarn, Kasperlmühle und Grünwald, örtlicher NS-Gliederungen sowie zahlreicher Besucher wurde nach Einbruch der Dunkelheit das Sonnwendfeuer entzündet. Oberbannführer Lahr hielt die Feuerrede, in der er »Kampf und Pflicht« beschwor, aber auch die »Opferbereitschaft« feierte. Im Anschluss wurden die sechs ältesten Fahnen der Hitlerjugend, die bis dahin im Besitz des Jungvolks waren, einem Vertreter der Führerschule Weyarn übergeben.[120]

Im Juli forderten der zweite Murnauer Bürgermeister Federl sowie Bannführer Sonderer die Bevölkerung in der Tagespresse geradezu pathetisch auf, die Lagerteilnehmer festlich zu empfangen.

Am Montag vor Eröffnung des Lagers sammelte der Gebietsführer die Bannführer des Gebiets Hochland im Murnauer Kurgebäude. Nach einer letzten Lagerinspektion marschierten am Freitag, Samstag und Sonntag jeweils 2000 Hitlerjungen (keine Mädchen) von Marschmusik begleitet durch den Murnauer Obermarkt und die Johannisgasse zum Lagergelände hinaus.[121] Die Eröffnung des Hochlandlagers fand dann am Mittwoch, den 1. August 1934, durch »Reichsjugendführer« Baldur von Schirach statt. Das Absingen des »Deutschland-« und des »Horst-Wessel-Liedes«, Flaggenparade auf dem Adolf-Hitler-Platz sowie eine morgendliche Gedenkfeier an die Mobilmachung 1914 waren Bestandteile der Feier. Starker Dauerregen – der noch circa 14 Tage anhalten sollte – ließ den Pathos wie die gesamte Feier buchstäblich ins Wasser fallen.[122]

Für vier Wochen verwandelte sich die Landschaft zwischen den Orten Riegsee, Aidling und dem Weiler Lothdorf in eine Zeltstadt, die von circa 6500 Personen bewohnt wurde. In dieser Landschaft baute man das gesamte Gebiet 19 im Kleinen auf. Das »Massenlager« sollte aus »kleinen Gemeinschaften« bestehen.

Alle Lagerteilnehmer unterstanden für die Dauer des Lagers der Befehlsgewalt

Feldschere im Lager Riegsee 1934.

Offizielles Abzeichen des Hochlandlagers 1934 in Altsilber (Herstellung: Firma Deschler und Sohn), das alle Lagerteilnehmer kostenlos erhielten. An Besucher wurde die Plakette, wahlweise auch aus Emaille, verkauft.

des Lagerleiters. Das Rauchen war im Lager verboten. Die Sportlehrer – externe Kräfte, wie auch im folgenden Jahr in Lenggries – trugen an Stelle einer Uniform Armbinden am linken Unterarm.[123] Als Geländeausbilder fungierte Polizei-Oberleutnant Josef Remold.[124] Zwischen den Vorträgen und Feierstunden waren Gymnastik, aber auch Schwimmübungen im Riegsee Bestandteil des Lageralltags. Die Geländespiele versuchten die Ausbilder möglichst realistisch zu gestalten: Dazu gehörte neben Gepäckmärschen auch Geländebeschreibung. Am Verbandsplatz wurde sehr realistisch das Behandeln von Verletzungen geübt.

In drei »Oberbannlagern« sollten jeweils 2000 Jungen Platz finden. Jeder Oberbann bestand aus Lagergefolgschaften, die wiederum in Lagerscharen beziehungsweise Jungzügen (Deutsches Jungvolk) unterteilt waren. Die Sollstärke der Lagerschar wurde mit »50 oder 60 Jungen« veranschlagt. Jede Lagerschar sollte aus drei Lagerkameradschaften bestehen, die sich drei Zelte teilen sollten.[125] In jedem der modernen Dreieckszelte schliefen 15 Jungen.[126] Jeder Oberbannstützpunkt erhielt einen Briefkasten von der Oberpostdirektion sowie einen Fernsprecher. Daneben gab es in jeder Lagergefolgschaft einen eigenen Thingplatz, ein Sanitätszelt und einen »Feldscher«, also einen Sanitäter.[127] Am Ufer des Riegsees (heute nördliches Ende des Campingplatzes Riegsee) wurden die Zelte für die Marine-HJ des Gebietes errichtet. Die Einheit bestand aus 110 Hitlerjungen mit ihren Ausbildern.

Im Lager gab es eine eigene Polizeitruppe: Ein »Lagersicherheitsdienst« versah, gekennzeichnet durch weiße Armbinden mit der Aufschrift »Sicherheitsdienst«, diese Aufsichtstätigkeit. Die Zelte des Sicherheitsdienstes standen auch an den Lagertoren. Jeder Lagerinsasse hatte den Anweisungen dieser Institution Folge zu leisten. Der Streifendienst der HJ wurde im selben Jahr gegründet, um Verstöße von HJ-Mitgliedern zu verhindern. Im Lager stellten den Sicherheitsdienst jedoch – wie ein Jahr später in Lenggries – noch SA-Männer.[128] Daneben musste jede Lagergefolgschaft »örtliche Wachposten« einteilen.[129] Interessant ist Punkt 8 der Lagerordnung:

LKW an Oberbannstützpunkt, HJ-Hochlandlager bei Murnau, August 1934.

Küche des Beamtenhilfszug Bayern hinter dem Gasthof »Westner« in Riegsee.

> *»Niemand darf das Lager ohne schriftlichen Befehl oder Passierschein, den der Lagerleiter ausstellt, verlassen – Ausnahme: Abteilungen unter verantwortlicher Führung.«*[130]

Unter Punkt 11 wurde aufgelistet, welche Orte nicht »ohne Erlaubnis« betreten werden durften. Darunter fielen die Zelte des Lagerleiters, der Oberbanndienststellen, die Sanitätszelte, das Lagerverwaltungs- und Gerätezelt.[131] Daneben aber auch unter Punkt d): *»Ortschaften Aidling und Riegsee«*.[132]

Die Lagerbesatzung sollte unter der Aufsicht der Lagerleitung – ungestört von kritischen Einflüssen – bleiben.

Bauliche Gestaltung

Das bauliche Ensemble wurde – abgesehen von kleineren Veränderungen – in den weiteren Hochlandlagern bis 1936 beibehalten.

> *»Die Vorarbeiten sind natürlich eine Sache des technischen Vorkommandos und nicht der dazu bestellten Handwerker. Schließlich sind auch in der Hitlerjugend junge Handwerker, die gerne ein paar Tage ihrer Ferien daransetzen, um für eine sachgemäße Durchführung der Zimmermannsarbeiten usw. zu sorgen [...].«*[133]

So beschrieb ein Autor der Reichsjugendführung das Prinzip der Reichsjugendführung, Mitglieder der Hitlerjugend zur Vorbereitung der Zeltlager einzusetzen. Handwerker aus umliegenden Ortschaften sollten die Hitlerjungen jedoch bei größeren Arbeiten unterstützen.[134]

Am Riegsee begannen die Vorarbeiten für das Lager am 8. Juli 1934. 60 Hitlerjungen wurden hierfür abgestellt. Große Probleme bereitete die Wasserversorgung: Keine der im Gelände verfügbaren acht Quellen – die teilweise neun Meter tief gegraben worden waren – lieferte die nötige Wassermenge für die Küchen des »Beamtenhilfszuges Bayern«. Dieser LKW-Tross mit Großküchen wurde dann auch in Riegsee hinter dem Gasthof »Westner« abgestellt. Dort endeten auch alle Telefonleitungen aus dem Gelände.[135]

Schließlich wurden in der Nähe der Oberbannstützpunkte Trinkwasserbrunnen und Latrinen angelegt. Südlich von Lothdorf wurde ein Parkplatz aufgeschottert. Die Straße von Lothdorf zur Höhlmühle flankierten auf ganzer Länge beidseitig 16 Meter hohe Fahnenmasten. Hitlerjungen stellten diese Masten »unter Aufsicht alter Praktiker der Isar-Werke« auf.[136]

Die Zelte der Obersten Lagerleitung, der »OLL«, standen auf dem damals nicht bewaldeten Höhenberg. Der OLL gehörten neben den Gebietsfunktionären auch die Isar-Werke und die OPD, die »Oberpostdirektion«, an. Für Flurschäden war der örtliche Bannführer Lorenz Sonderer Ansprechpartner.[137] Während der Bauphase besuchte Gauleiter und Staatsminister Adolf Wagner zusammen mit dem Stabsleiter Hermann Lauterbach das entstehende Lager. Im Gegenzug besuchte eine HJ-Spielschar Gauleiter Wagner in seinem Landhaus in Unterammergau und brachte ein Ständchen.[138]

Die Feldwege trugen für vier Wochen die Namen prominenter NSDAP-Mitgliedern, eines »Märtyrers der Bewegung«, eines mythisch verklärten Schlachtortes des Ersten Weltkriegs, der Förderer des Lagers sowie Adolf Hitlers selbst: Die zentrale Straße von Lothdorf in Richtung Höhlmühle hieß »Baldur-von-Schirach-Straße«, im nördlichen Teil »Adolf-Hitler-Straße«. Eine Verbindungsstraße von der Standortschießanlage nach Riegsee trug den Namen »Josef-Neumaier-Straße«. Eine Straße von Aidling zur Mitte des Hochlandlagers führte den Namen des NSDAP-Gauleiters von München-Oberbayern, »Adolf-Wagner-Straße«. Eine Verbindungsstraße zum Lagerpostamt zur »Adolf-Wagner-Straße« benannte man nach Karl Wahl (1891–1981), dem NSDAP-Gauleiter von Schwaben und Förderer der Hitlerjugend. Ein kleiner Feldweg unterhalb des Höhenbergs führte den Namen »Langemarck-Straße«, benannt nach einem Schlachtort des Ersten Weltkriegs. Lagertore befanden sich an den Ausgängen des Lagers in Lothdorf, Riegsee (etwa auf Höhe des »Neuen Friedhofes«), in Aidling (in der Nähe der »Badstube«) und vor der Höhlmühle (an der Weggabelung Aidling/Murnau) (siehe Plan Hochlandlager Riegsee 1934 im Anhang).[139] Im Gelände wurde für Autos eine Einbahnregelung eingerichtet.

Ein Versammlungsplatz, der »Adolf-Hitler-Platz«, sollte Lagerapellen dienen. Dort

Straßenschilder im HJ-Hochlandlager Riegsee, August 1934.

Oberbannlager 1 / 19 Oberbayern.

Oberbannlager 3 / 19 München.

Oberbannlager 2 / 19 Schwaben.

Oberste Lagerleitung auf dem Höhenberg.

Lagertor bei der Höhlmühle.

»Ehrenwand« auf dem »Großen Thingplatz«.

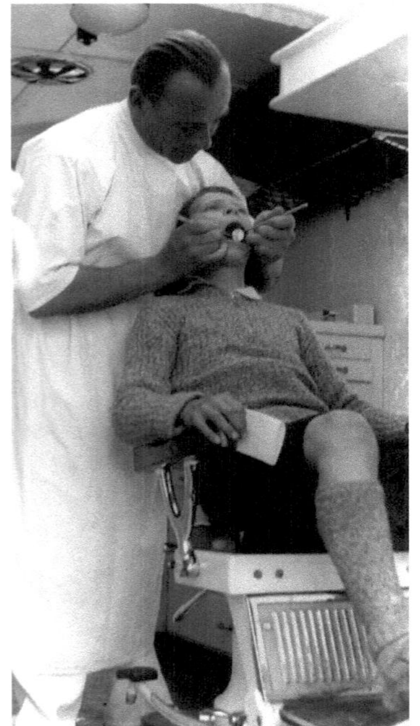

Mobile Zahnarztpraxis im HJ-Hochlandlager bei Murnau, August 1934.

wurde ein 35 Meter hoher Fahnenmast errichtet.[140] Großen Wert legte man auf die »weltanschauliche Schulung«. Die Gestaltung des Geländes sollte diesem Plan dienen. Auf einer großen Lichtung – dem Großen Thingplatz – errichteten Handwerker und Hitlerjungen auf einem 23 Meter langen Fundament eine 15 mal 11 Meter große schwarze Ehrenwand, die an einen Altar erinnerte. Flankiert wurde diese Wand von zwei jeweils sechs Meter hohen Pylonen, die jeweils ein Feuerbecken trugen. In weißen Lettern stand auf der schwarzen Wand: »Wir sind zum Sterben für Deutschland geboren«. Das imposante Monument war den sogenannten Märtyrern der Bewegung gewidmet. Die Straßennamen, ein zentraler Thingplatz und ein Adolf-Hitler-Platz wurden in jedem der weiteren Hochlandlager eingerichtet.

Diese sogenannte Ehrenwand wurde bei Nacht von zwei 15 000 Watt starken Scheinwerfern beleuchtet. Das war der zentrale Platz für Feierstunden.[141] Die Isar-Werke waren Mitglied der OLL, der Obersten Lager-Leitung. Dafür verlegten sie die Leitungen und übernahmen auch die Stromversorgung.

Die Versorgung mit Lebensmitteln übernahm der »Beamtenhilfszug Bayern« mit seinen Feldküchen. Als Küchenhilfen waren SA-Männer tätig. Aus der mobilen Küche wurden die Mahlzeiten mit LKW zu den Oberbannstützpunkten gefahren. Dort holten Jungen auf »zweirädrigen Handkarren« die Portionen ab.[142] Die Großküchen waren für das Lager zu großzügig berechnet worden. Knapp drei Wochen später wurden zwei Doppelwagen abgezogen.[143] Die Rationen waren so reichlich, dass Bewohner der Gemeinde die Reste zum Füttern der Schweine nutzen konnten. »Schiach [ramponiert, Anm. des Verfassers] haben die Straßen ausgesehen. Die Feldstraßen wurden durch das Lager stark beschädigt.«[144]

Hinter dem Gasthof »Westner« in Riegsee befand sich ein mobiler Operationssaal mit 18 Betten. Auch eine mobile Zahnarztpraxis war Teil der Ausstattung.

Die Ausstattung des Hochlandlagers war deutlich überdimensioniert. Vermutlich beförderten die Bauern – gegen angebotenes Honorar – das Stroh für die Zeltböden vom Bahnhof Murnau ins Lagergelände.[145]

Besuchertage – Propaganda – Lagerzirkus

Der 19. August war der zentrale Tag des ersten Hochlandlagers. Am Nachmittag führten Mitglieder der Lagerbesatzung einen Lagerzirkus auf.

Auch für die Tagespolitik wurden die Lagerteilnehmer vereinnahmt. Hitler hatte nach dem Tod Paul von Hindenburgs am 2. August 1934 Amt und Kompetenzen des Reichspräsidenten zusätzlich zu seinem Amt des Reichskanzlers übernommen und die Reichswehr auf seinen Namen vereidigen lassen. Diesen Schritt ließ sich

Das »Logo« des ersten Hochlandlagers 1934.

der »Führer« per Wahl bestätigen. Mit bescheidenem Ergebnis. Nur 89,9 Prozent der Deutschen begrüßten diesen Schritt.[146] Im Hochlandlager war an diesem Tag Besuchertag und hier befand sich ein Wahllokal für Murnau. Dort konnten die erwachsenen Besucher und anwesende Eltern ihre Stimme abgeben. Um 1 Uhr morgens am 20. August wurde die Lagermannschaft mit Alarm geweckt. Anschließend wanderten Hitlerjungen und Pimpfe über Guglhör nach Murnau, wo sie bis 4 Uhr durch den Markt marschierten. Wie das »Oberländer Volksblatt« aus Weilheim meldete, feierten die Jungen den endgültigen Marsch in den Führerstaat als »gigantischen Sieg des deutschen Volkes über Hader und Zwietracht«.[147]

Das Hochlandlager wurde – besonders internationalen Gästen – von der besten Seite präsentiert. Gottfried Feder[148] aus Murnau und ein SS-Oberführer Koch[149] statteten dem Hochlandlager einen Besuch ab, aber auch der ägyptische Verkehrsminister Tewjik Dos Pasha und der Zeitungsverleger Abbel Ben Abassa aus Alexandria. Daneben kam der britische Journalist Ward Price in das Lager und veröffentliche anschließend einen wohlwollenden Artikel in der »Daily Mail«.[150]

Abschluss

Mit einem Großen Zapfenstreich und einem Feuerwerk verabschiedete sich die HJ-Führung am 25. August von den Ortschaften.[151] Eine Abordnung der Münchner Jungen trug am 28. August einen überdimensionalen Kranz zum Gedenken an die Toten zur Feldherrnhalle. Ein Ritual, das sich nach jedem Hochlandlager wiederholen sollte. Die letzte Veranstaltung des Hochlandlagers bestand aus einem Zeltlager in Nürnberg und einem Auftritt im Stadion. Klein bezeichnete das Hochlandlager als »100 % erfüllt«.[152] Im Lager wurde die Delegation des Gebiets 19 zum Reichsparteitag in Nürnberg verabschiedet.[153]

3.3.2 Das zweite Hochlandlager bei Lenggries / Jachenau 1935

Im Sommer 1935 entschieden sich die Funktionäre des HJ-Gebiets 19 nach einer Ausschreibung für die Jachenau, eine Gemeinde im oberbayerischen Landkreis Bad Tölz–Wolfratshausen, als neuen Standort für das Hochlandlager. Unterbannführer Kirchhoff unterrichtete am 1. Juni 1935 die NSDAP-Ortsgruppe vom bevorstehenden Hochlandlager.[154]

Emil Klein, inzwischen Obergebietsführer, äußerte gegenüber der Presse die Absicht, das Gebiet »bei Lenggries zum endgültigen Standort des Hochlandlagers« zu machen. Das neue Zeltlager entstand nahe dem Zusammenfluss von Jachen und Isar, rund um den Hof des Leger-Bauern.[155]

Gegliedert waren die Zeltgruppen durch Waldstücke. In der Mitte des Lagers befand sich der »Feldherrenhügel«, der Sitz der Obersten Lagerleitung.[156] In diesem Jahr besuchten erstmals 8000 Jungen zwei Lagerblöcke (Lager I vom 12. Juli bis

Teilnehmer am Hochlandlager 1935.

2. August 1935 und Lager II vom 4. bis 26. August 1935). Jeweils 4000 Jungen nahmen an jedem Block teil.[157] Inzwischen waren die Oberbanne abgeschafft worden. Sondereinheiten nahmen nicht teil. Erneut gab es 500 externe Teilnehmer. Das Hochlandlager bestand nun aus drei Lagerinspektionen. Jeder Inspektion gehörten drei Lagergefolgschaften (im Jungvolk: Fähnlein) an. Jede Lagergefolgschaft bestand aus 180 Jungen. Diesen Einheiten gehörten jeweils drei Lagerscharen zu je 60 Jungen an. Die kleinste Einheit waren die Lagerkameradschaften beziehungsweise Lagerjungzüge mit je 12 bis 16 Jungen.[158] Neben einem »Streifendienst« wurde erstmals auch eine »Strafschar« eingeführt.[159] Am 2. August bot die Lagerleitung den Besitzern von Fuhrwerken den Transport von Stroh (für die Zeltböden) vom Bahnhof Lenggries ins Hochlandlager an.[160] An welchem Tag das erste Lager eröffnet wurde, ist unklar. Die Festschrift datiert die Eröffnung durch Gauleiter Adolf Wagner auf den 14. Juli 1935.[161] Passend zum vermutlichen Thema »Volksgemeinschaft« sprach Obergebietsführer Emil Klein über »Unseren Sozialismus« und bezeichnete das Hochlandlager als »unsere hohe Schule«. Auch die Lagerleitung übernahm erneut der Obergebietsführer persönlich.[162]

Die baulichen Elemente entsprachen der Ausstattung im Vorjahr. Es gab wieder die gleichen Straßennamen. In diesem Jahr wurde nur ein großer Thingplatz eingerichtet. Hinter dem Podest standen in diesem Jahr drei überdimensionale Fahnensäulen. Die Fahne des Reichsnährstandes (weiße Ähre auf schwarzem Grund) stand neben der Fahne der neuen Wehrmacht und der Partei. Um das Lagergelände abzuschotten, wurde die Verbindungsstraße Lenggries-Jachenau, die am Rand des Lagers vorbeiführte, gesperrt. Lieferfahrzeuge, die durch besondere Ausweise gekennzeichnet waren, sowie Besucher konnten die Straße passieren.[163]

Anders als 1934 wurde nur ein Thingspiel pro Lagerblock aufgeführt. Dieses stammte erneut aus der Feder von Gerhard Pantel und der Titel lautete: »Bauern, Arbeiter, Soldaten«. Die Lageröffnung am 14. Juli verfolgten zahlreiche Ehrengäste. Anwesend waren nun auch Vertreter anderer Organisationen. Es kamen Vertreter von SS, SA, des Deutschen Luftverbandes, des neu gegründeten Reichsarbeitsdienstes, der Polizei, der Gendarmerie, der Stadt München und der Wehrmacht.[164]

Das »Deutschlandlager«

Einer der Teilnehmer des »Deutschlandlagers« war Eberhard Fritsch, ein damals 14-jähriger Junge aus einer deutschen Familie in Argentinien. Damals dürfte Fritsch mit hoher Wahrscheinlichkeit auch nach Lenggries gekommen sein. Zehn Jahre später, 1945, betrieb Fritsch, inzwischen Lehrer, das »Dürer-Haus« in Buenos Aires. Mit Hilfe eines Netzwerkes rund um das »Dürer-Haus« ermöglichte Fritsch nach 1945 geflüchteten NS-Verbrechern, darunter auch dem Organisator des Holocaust, Adolf Eichmann, in Argentinien Fuß zu fassen. Der überzeugte Nationalsozialist Fritsch gar in den 1050er-Jahren »El sendero« (deutsch: der Weg) heraus, eine Nazi-Postille, in der deutschnationale, wie nationalsozialistische Autoren veröffentlichen durften.«[165] Für unerschütterliche Nationalsozialisten hatte dieses Schundblatt mit einer Mischung aus NS-Ideologie samt Rassentheorie vom Grauenhaftesten und brauner Nostalgie zwischen Alpenkitsch, Weihnachtssentimentalität und Germanenromantik einen unwiderstehlichen Reiz – so wie Spitzendeckchen mit Hakenkreuzen.[166]

> *»Es besteht Gefahr, daß sich weiterhin wertvollstes deutsches Blut im fremden Strom verliert. Begriffe und Vorstellungen von Deutschland und dem Nationalsozialismus, leicht verwirrt im feingesponnenen Netz gegnerischer Lügen, halten dem Locken und Drängen fremder Lebensart nicht stand* […].«[167]

Diese Gefahr galt es für die Nationalsozialisten zu bannen. Im Mittelpunkt des Lagerblocks II stand daher die Auslandsarbeit. Verbände der Hitlerjugend gab es außerhalb des Deutschen Reichs in insgesamt 55 Nationen. Der Leiter der Reichsführerschule der HJ in Potsdam, Paul Minke, organisierte ein »Deutschlandlager«. Mitglieder von Verbänden aus 48 Staaten besuchten im Sommer 1935 Deutschland. In einem Zeltlager in Kuhlmühle in Brandenburg begann – zusammen mit 1000 »reichsdeutschen« Hitlerjungen – eine Deutschland-Rundreise der Hitlerjungen aus aller Welt.[168] Die Gäste sollten die »Formen dieser jungen Gemeinschaft erleben«, die »in wenigen Jahrzehnten die Lebensweise des deutschen Volkes sein« sollten. Der Stil der Hitlerjugend sollte in »scharf ausgeprägter Form vorgeführt« werden, sodass sich »kein Teilnehmer entziehen« könne. Nach 18 Tagen in Kuhlmühle sollten die Jungen vom 1. August an in 40 Autobussen, natürlich abgeschirmt vor allzu profanen Eindrücken, durch NS-Deutschland reisen.[169]

Das Hochlandlager 1935 wurde Teil dieser großangelegten Inszenierung. Vom 8. bis 16. August bewohnten die Gäste das »»Deutschlandlager« in Lenggries.[170]

Durch das »Deutschlandlager« führte die »Straße der Nationen«. Entlang dieser Straße wehten die Fahnen »fast aller Nationen der Welt«.[171] Ein umfangreiches Programm wartete auf die ausländischen Besucher. Nach der »Einordnung in die Lagergemeinschaft des Hochlandlagers« standen neben Schulungen, der Teilnahme an Feierstunden und Festspielen Besuche des »Führers« und des »Reichsjugendführers« auf dem Programm.[172]

In München nahmen die Jungen an einer Kundgebung an der Feldherrnhalle mit Rudolf Hess als Redner teil. Außerdem gab es Ausflüge an den Chiemsee und nach Berchtesgaden. Eine Rundfahrt führte über Murnau, Walchensee, Mittenwald, Partenkirchen, Oberammergau zurück nach Lenggries.[173] Vor den Lagerteilnehmern hielt Eugen Hadamowsky, Reichssendeleiter und Vizepräsident der »Reichsrundfunkkammer«, eine Rede und empfahl den Jungen aus aller Welt, wohl nicht ohne Hintergedanken, die Nutzung des damals für große Bevölkerungsschichten neuen Mediums Rundfunk:

> *»Der Rundfunk ist Träger unserer Weltanschauung* […], *in jedem deutschen Haus, überall wo Deutsche wohnen, soll ein Empfangsgerät sein* […].«[174]

Abschluss

Wie im Vorjahr wurden jeweils beide Lagerblöcke mit einem Feuerwerk beendet. Sein Vorhaben, Lenggries als festen Standort für das Hochlandlager zu gewinnen, musste Klein allerdings aufgeben. Der unbeaufsichtigte Umgang mit Waffen und ein Übergriff von zwei SA-Männern sorgten dafür, dass die Hitlerjugend in diesem Ort nicht mehr willkommen war.

3.3.3 Das dritte Hochlandlager bei Königsdorf 1936

Das Jahr 1936 wurde vom Reichsjugendführer zum »Jahr des deutschen Jungvolkes« erklärt. Erstmals veranstaltete das HJ-Gebiet 19, »Hochland«, das alljährliche Großzeltlager auf eigenem Grund und Boden an der Rothmühle bei Königsdorf. Im Jahr 1936 wurden die Olympischen Winter- und Sommerspiele im Deutschen Reich (Garmisch-Partenkirchen und Berlin) ausgetragen. Die Machthaber nutzten die Spiele

Thingplatz Lenggries, 1935, mit »Ehrenmal«.

Straße der Nationen im »Deutschlandlager«, Lenggries.

Baldur von Schirach vor Pfadfindern aus Südwestafrika.

für ihre Zwecke. Der Welt sollte ein friedliches und erfolgreiches neues Deutschlandbild – ohne Diskriminierung und Terror – vorgeführt werden. Auch HJ-Mitglieder waren als Mitglieder von Massenformationen und in Spielzügen beteiligt.[175]

Das dritte Hochlandlager hatte das Motto »Disziplin und Glaube«. Die Anreise der Teilnehmer erfolgte per Bahn, die Teilnehmer sollten von den circa sechs Kilometer entfernten Bahnhöfen Beuerberg oder Bad Tölz aus anreisen. Manche Einheiten wurden auch in Privatautos in das Lagergelände gebracht.[175a] Aufgrund des schlechten Wetters fand die Eröffnungsfeier im Karl-Wahl-Großzelt statt. Anwesend waren führende Vertreter der NSDAP, SA, SS, NSKK, RAD und verschiedener Behörden. Der Obergebietsführer leitete das Hochlandlager mit einer Ankündigung ein:

> *»In diesem Jahr wurde der Jahrgang 1926 vollständig in das Deutsche Jungvolk aufgenommen. Der Jahrgang 1927 wird ebenso wie jeder weitere Jahrgang jeweils am Geburtstag des Führers* [Anm. des Verfassers: 20. April] *in die nationalsozialistische Jugend eingereiht* [...].«[176]

Dieser Erfolg, so resümierte Obergebietsführer Klein, berechtige zum Verzicht auf den Teil der Jugend, der vom 14. Jahr aufwärts noch nicht den Weg in die Jugend Adolf Hitlers gefunden habe. »Die Werbearbeit ist im großen beendet« verkündete der Obergebietsführer. Am 27. Juli erwähnte der Obergebietsführer die Aufgabe der Jungen während der Olympischen Spiele in Berlin im August:

Tribünen auf dem Thingplatz in Königsdorf.

Torbau am Eingang zum Hochlandlager in Königsdorf.

Waschbecken im Freien, Königsdorf.

Kameradschaftshaus Königsdorf 1942.

Küchentrakt Königsdorf 1936.

Gulaschkanone, Königsdorf 1936.

Strohlieferung für Zeltböden, Königsdorf 1936.

Großzelt Königsdorf 1936.

»Und wenn wieder andere behaupten, daß in diesen Lagern der Versuch einer militärischen Erziehung des Volkes gemacht wird, der Versuch, diese für einen Krieg vorzubereiten, so finden wir diesen Angriff mehr als lächerlich. Um aber diese lächerliche Ansicht aus der Welt zu schaffen, müssen wir alle Propagandisten sein für die Friedensliebe unserer Nation […]. *Ihr werdet in den kommenden Wochen viele Ausländer sehen, die anläßlich der Olympiade Deutschland kennenlernen wollen.«*[177]

Im »Jahr des Jungvolks« waren tatsächlich – anders als 1934 in Riegsee – zwei Drittel der Teilnehmer Mitglieder des Deutschen Jungvolks. Nun beginne – so Klein weiter, die »Erziehungsarbeit«. Was verstand der Obergebietsführer unter diesem Begriff?

Im Gegensatz zu den Vorjahren erstellte die Gebietsführung für das erste Hochlandlager in Königsdorf einen dicht gedrängten Dienstplan mit Speziallehrgängen für Sondereinheiten auf, an denen die 16- bis 18-jährigen Teilnehmer der Hitlerjugend teilnehmen sollten. Die Inhalte waren bereits auf die Bedürfnisse der im Vorjahr gegründeten Wehrmacht angelehnt. Das erste Mal stand »Schießen« auf dem Ausbildungsplan.[178] Schießausbildung wurde von der Reichsjugendführung bereits 1934 gefordert.[179] Vermutlich verfügte das HJ-Gebiet 19 aber erst ab 1936 über Kleinkalibergewehre.

Pimpfe betreten das Lagergelände Königsdorf durch einen Schlagbaum.

SCHÖNSTES FERIENZIEL DER JUGEND: HJ.-HOCHLANDLAGER BEI KÖNIGSDORF

insgesamt 1700 leere Flaschen dem Meere aussetzen, von denen er 230 wieder zu Gesicht bekommen hat. Seinem Beispiel folgten viele andere, und es wird auch heute noch eifrig befolgt. So z. B. von der „Schottischen Fischerei-Inspektion", die zahllose Versuche durchgeführt hat; von den 3550 Flaschen, die sie Sturm und Wellen überlieferte, gaben diese ihr 572 Stück zurück.

Außer dem „Institut für Meereskunde", in Berlin und der „Deutschen Seewarte" in Hamburg beschäftigt sich auch das „Amerikanische Fischereibüro" mit der Untersuchung der Meeresströmungen. Tausende von Flaschen setzt das Institut Jahr für Jahr aus, jede mit einer Briefkarte, mit der Anschrift des Büros und der Bitte, die Karte zurückzusenden. Wer dem Wunsche entspricht, erhält 25 Dollars. Eine dieser Flaschen, die im Jahre 1931 dem Meere übergeben war, wurde zwei Jahre später am Strande von Hammerfest in Norwegen aufgefunden. Sie hatte in gerader Linie eine Entfernung von 8200 Kilometern zurückgelegt. Eine Höchstleistung aber konnte sie mit dieser riesigen Strecke doch nicht erreichen. Diese erzielte vielmehr eine Flasche, die am 27. September 1927 in den Gewässern der Philippinen über Bord geworfen wurde und am 12. Februar 1929 an der Küste Kaliforniens wiedergefunden worden ist. In Luftlinie gerechnet, maß ihre Reise rund 13 500 Kilometer.

Daß der Weg, den diese Flaschen bewältigen, tatsächlich durch die Meeresströmungen bestimmt wird, hat man selbst in Fachkreisen lange Zeit hindurch nicht glauben wollen. Kein anderer als der berühmte Südpolarforscher John Roß war es, der in der Pariser Akademie der Wissenschaften, als ein gewisser Pierre Dausey an Hand von 97 Fällen seine Theorie über die Beständigkeit der Meeresströmungen auseinandersetzte, dem gelehrten Sprecher das Wort „Flaschenschwindel" ins Gesicht schleuderte ...

HJ. paddelt auf der Isar.

2 Aufnahmen: Strobel

Aber wie wir schon im Falle des Kolumbus gesehen haben, macht man längst nicht immer nur für wissenschaftliche Zwecke von Flaschenposten Gebrauch. Viele vertrauen, den Tod vor Augen, ihre letzten Gedanken einer Tonne oder Flasche an, in der Hoffnung, daß ihre Angehörigen so noch einmal von ihnen hören werden.

„Brand an Bord der ‚Mary C. Farr,: — Wir gehen in die Boote. Der Himmel mit uns!" Diese Flaschenpost wurde 1930 gefunden. 1886, 44 Jahre zuvor, hatten in letzter Verzweiflung die an Bord sich Befindenden sie dem Meere anvertraut. Ihre Leichen trieben einige Monate später an der amerikanischen Küste an. Fast ein halbes Jahrhundert nach ihrem Tode sollten so die Unglücklichen noch einmal von sich hören lassen.

„Dir, mein innigst geliebtes Mädchen, gelten meine letzten Gedanken", schrieb im Jahre 1917 der Matrose Petersen. Er war nur kurze Zeit vorher in der Schlacht am Skagerrak mit der heldenmütigen Besatzung der „Pommern" in den Fluten versunken. Erst Monate später trieb die Flasche, der Petersen seine Abschiedsgrüße an seine Verlobte anvertraut hatte, bei Wilhelmshaven an, und so hörte seine von ihm zurückgelassene Braut, noch ein letztes Wort von dem Manne, den die See schon so lange in ihren Fluten barg.

Werbung für das Königsdorfer Hochlandlager 1936 in der Bilderbeilage der »Neuen Augsburger Zeitung«.

Organisation

Wieder hatte Obergebietsführer Emil Klein die Oberste Lagerleitung übernommen.[180] In den Folgejahren sollte bis zum Kriegsende Hans Hellmuth – der seine HJ-Karriere 1930 als Scharführer im Bann L München-Mitte begonnen hatte – als K-Leiter die Verwaltung auf dem Gelände übernehmen. Der Lagerleitung unterstanden 1936 zahlreiche Stäbe.[181]

Nun wurden vier Lagerbanne angelegt. Wie im Vorjahr durchliefen wiederum 8000 Jungen in zwei Lagerblöcken in jeweils 14 Tagen das Ausbildungsprogramm. Jedem Lagerbann gehörten fünf Lagergefolgschaften mit etwa 200 Jungen (also insgesamt circa 1000 Jungen) an. Die Lagergefolgschaft umfasste drei Lagerscharen, bestehend aus vier Lagerkameradschaften mit je 15 Jungen, einer Zeltbesatzung. Insgesamt standen 500 Zelte auf dem Gelände.[182] Eine eigene Lagerpolizei sorgte im Lager für »Disziplin« (siehe Kapitel Sanktionen).[183] Die ärztliche Versorgung – und die Ausbildung der »Feldschere« – sollten 13 Ärzte, 21 Medizinstudenten, sieben Zahnärzte und 140 Feldschere gewährleisten.[184] Dem Zufall überließ die Gebietsführug überhaupt nichts.

Ausbildungsplan

Ausbildungstag	DJ. 10-14 Jhr.	HJ. 14-18 Jhr.	Sonderausbildung Hitler Jugend 16-18 Jahre: Flieger	Nachrichter	Feldschere	Marine HJ.	Motor HJ.	Streifendienst
1.	Anreisetag und Einteilung der Lagermannschaften							
2.	Lagereinrichtung und Lagerordnung							
3.	Grundausbildung in den Ordnungsübungen							
4.								
5.								
6.	Leibesübungen	Leibesübungen	Modellbau Luftverkehr Wetterkunde Ortung und Navigation Flugzeugkunde	Morsen Blinken Telefonieren Meldewesen Leitungsbau	Körperlehre Ernährung u. Verdauung Erste Hilfe Verbände Lagerhygiene	Seemannschaft Bootsdienst Signalwesen Steuermannskunde	Motorenkunde Verkehrsordnung Kraftradfahr.	Selbstverteidigung poliz. Vorschriften Verkehrswesen Erhebungen u. Meldungen
7.								
8.								
9.								
10.		Geländesport						
11.	Spiele							
12.								
13.		Schießen						
14.	Geländedienst							
15.	Fahrt und Lager	Sonderausbildg im Luftschutz						
16.								
17.								
18.	große Schauvorführung sämtlicher Ausbildungsgruppen							
19.	Lagerräumung							
20.	Abreisetag							

Ausbildungsplan 1936.

Ankunft im Hochlandlager Königsdorf 1936.

Ausbildung

Nach der Einteilung der Lagermannschaften – die Zelte waren bereits aufgebaut – stand am dritten und vierten Tag des 20-tägigen Aufenthalts eine »Grundausbildung in den Ordnungsübungen« an. Damit bezeichneten die HJ-Funktionäre nichts anderes als militärische Formationsbildung. Zwei Tage lang hieß es »Stillgestanden!«, »Rechts um«, Links um!« und so weiter, während die Pimpfe noch ein eher spielerisches Programm aus Leibesübungen, Fahrt und Geländespielen erwartete. Erstmals gab es Unterricht im Kleinkaliberschießen und im Luftschutzwesen.[185] Nur ein kleiner Teil der Teilnehmer erhielt Unterricht in den Sonderformationen. In diesen spezialisierten Einheiten – hier praktizierte man erstmals die später weitergeführte Arbeitsteilung – übernahmen externe Ausbilder die Unterweisungen. Die Mitglieder der Motor-HJ erhielten ihre Anleitung von Mitgliedern des NSKK (Nationalsozialistisches Kraftfahrer-Korps). Die Mitglieder des HJ-Streifendienstes erhielten ihre Ausbildung von Lehrern der Polizei.[186] Mitglieder des NSFK (Nationalsozialistisches Flieger-Korps) übernahmen die Ausbildung im Segelfliegen (mit Modellen).[187]

Besucher – Vorträge – Feierstunden

Die Reichsführerschule der SA besuchte das Lager, ebenso wie Pimpfe aus Danzig, die sich auf Fahrt befanden. Am 21. Juli besuchte der Reichsführer SS Heinrich Himmler das Zeltlager. Sein Interesse galt der Ausbildung der Sondereinheiten. Die SS kam öfter: Am 6. August besuchten 150 Mann des 1. Sturmes »Totenkopf« mit einem Musikzug aus der Truppe des Konzentrationslagers Dachau das Hochlandlager.[188] Mitglieder des »Stoßtrupp Adolf Hitler«, die erste Leibwache des NSDAP-Führers vor dem missglückten Putschversuch, hielten vor den Jungen einen Vortrag. In »überaus spannenden Worten verstand Oberst Rommel« – so befand ein Reporter des »Völkischen Beobachters« – seine Kriegserlebnisse zu schildern.[189] Erneut wurde ein Thingspiel von Gerhard Pantel, »Rebell um Deutschland«, aufgeführt. Im Anschluss an das Hochlandlager 1936 wurde ein Propagandafilm gedreht.[190]

Hitlerjungen bei Luftschutzübung, Königsdorf 1936.

Spezialausbildungen

Die Ausbilder für die Sonderausbildung waren externe Spezialisten: Fernmeldesoldaten der Wehrmacht übernahmen die Ausbildung der Nachrichten-HJ im Leitungsbau und Fernmeldewesen; Polizisten bildeten die Hitlerjungen im Streifendienst aus und Mitglieder des NSKK (Nationalsozialistisches Kraftfahrer-Korps) unterwiesen die 16 bis 18 Jahre alten Jungen der Motor-HJ. Mit dem Luftschutz beschäftigte sich die HJ bereits länger. Schon 1934 errichteten Handwerker der Hitlerjugend in der Landwehrstraße den ersten Luftschutzraum in München.[191] Zwei Jahre später erhielten Hitlerjungen im Hochlandlager Königsdorf auch Unterweisung zum Verhalten bei Luftangriffen. Unter Anleitung von Fachleuten des Reichs-Luftschutzbundes erlebten die Hitlerjungen im Hochlandlager »einen Luftschutzlehrgang in einem Ausmaß, wie er in der HJ selten abgehalten werden kann«.[192] Tatsächlich muss der Ausbildungsgang sehr realistisch gewirkt haben. Dabei übten die Teilnehmer den Umgang mit der Gasmaske. Zum Abschluss des Ausbildungsganges erfolgte – in Anwesenheit der Eltern – eine koordinierte Übung unterschiedlicher Sondereinheiten: Auf dem »Adolf-Hitler-Platz« errichtete »ein Ehrensturm« des Reichs-Luftschutzbundes ein »Zieldorf«. Fernmelder bauten ein

Kranzniederlegung der Hitlerjugend an der Feldherrnhalle in München 1937.

Flugmelde- und Luftschutzwarnnetz auf. Feldschere übten den Abtransport und die Versorgung von Verletzten.[193] Diese Übungen strafte Kleins Äußerungen zur »Friedensliebe« deutlich Lügen.

Abschluss

Das Hochlandlager 1936 endete wie in den Vorjahren. Die nach München heimkehrende Hitlerjugend legte an der Feldherrnhalle einen Kranz nieder. Das Lager bedeutete eine Zäsur. Künftig sollte das Hochlandlager in Königsdorf den »Führern« vorbehalten sein. Andere Hitlerjungen sollten an kleineren Bannlagern teilnehmen.[194] Die Zeit der Massenlager war vorbei. An dieser Stelle ist noch ein genauerer Blick auf die Inhalte dieser Lager angebracht.

4 Alltag im Zeltlager und Ideologie

4.1 Tagesablauf

»Der Aufbau des Lagers und die Vorschriften glichen einem Feldlager. Uns liegt die »Lagerordnung« für das Jahr 1934 vor. Die Vorschriften wurden mit kleinen Abweichungen so auch in den weiteren Großzeltlagern und auch kleineren Zeltlagern eingehalten. Im Lager herrschte militärische Disziplin. Eine wichtiges Amt besaß der »Zeltälteste«. Dieser war der Vorgesetzte einer Zeltmannschaft.[195] Als »Zeltältester« musste 1934 der Dienstälteste Hitlerjunge eingeteilt werden, der gleichzeitig auch als Kameradschaftsführer eingeteilt werden konnte. Eingeteilt wurde der »Zeltälteste« zu Beginn des Lagers vom Lagergefolgschaftsführer und sollte bei Eignung dieses Amt für die Dauer des Lagers behalten. War er auch Kameradschaftsführer im Rahmen seiner Lagerschar, sollte er seinen Kameraden in der Ausbildung voraus sein. Der Zeltälteste unterstand dem Lagerscharführer. Der Lagerscharführer wiederum unterstand dem Lagergefolgschaftsführer. Der Zeltälteste besaß die Befehlsgewalt über die Jungen in seinem Zelt (in Murnau 1934 meist 16 Jungen). Der Zeltälteste ließ auch die Zeltmannschaft zu Appellen vor dem Zelt antreten und überprüfte den Anzug.[196]

Waschen am Brunnen 1934 (Murnau).

Auch die Schlafplätze im Zelt verteilte der Zeltälteste. Der Zeltälteste war auch verantwortlich für die penible Einhaltung der Ordnung in seinem Zelt. Alles musste sauber im Tornister verstaut sein. Dieser musste zugeschnallt am Kopfende des Lagers stehen. Um immer wieder aufzuräumen und so Ordnung zu halten, musste der Zeltälteste im täglichen Wechsel zwei Hitlerjungen als »Zeltdienst« einteilen. Der Zeltdienst sollte das Zelt sauber halten (Stroh aufschütten, Decken zusam-

Meldung zum Sport in Lenggries 1935.

menlegen und Gepäck verstauen). Zu den Appellen und Dienstzuweisungen ließ der Zeltälteste die Zeltbesatzung vor dem Zelt antreten und überprüfte den Anzug. Er sollte dem »H. J. v. D.« (Hitlerjungen vom Dienst) Meldung erstatten.[197]

Nach dem Aufstehen gab es 15 Minuten verordnete »Morgengymnastik«. Danach folgten Körperhygiene und Frühstück. Um 6.45 Uhr fand die Flaggenhissung [siehe Kapitel 4.4.2] statt. Nach einem Morgenappell durch den Scharführer begann der Morgendienst. Es folgte Dienst nach »Ausbildungsplan«. Für 11.15 Uhr war Postempfang angesetzt, anschließend folgten von 11.30 bis 12.30 Uhr »Essenfassen, Essen und Abspülen«. Von 12.45 bis 13.45 Uhr herrschte »Mittagsruhe«. Danach kam der Nachmittagsdienst. Nach 19 Uhr waren eine »Feierstunde« oder Vorführungen usw. auf den Thingplätzen der Gefolgschaften, Oberbanne oder des Gebiets vorgesehen. Um 21.30 Uhr folgte der »Flaggeneinzug« und um 22 Uhr musste Nachtruhe herrschen.[198] Der Tag war militärisch durchstrukturiert.

Das erste Hochlandlager 1934 wurde als Ferienlager angepriesen. Die Worte »Der Tag begann mit einem Trompetensignal« leiteten einen Artikel ein, der den Tagesbeginn abenteuerlich romantisch schilderte ...[199]

(Quelle: »*Ein schmetterndes Fanfarensignal durchschneidet den erwachenden Morgen und bringt die einzelnen Zelte in Bewegung. Hier schaut ein Kopf verschlafen aus dem Zeltschlitz. Dort erscheinen zuerst zwei lange Beine unter den grauen Planen, denen langsam und gewunden ein Körper folgt.*«[200]

Die folgende Schilderung aus Königsdorf stammt allerdings erst aus dem Jahre 1942, von einem Teilnehmer in einem militärischen Ausbildungslager der HJ in Königsdorf im Zweiten Weltkrieg. Bereits seit 1939 bestand die Dienstpflicht in der Hitlerjugend. Wenn das »Aufstehen« damals nicht schnell genug ging, halfen die anderen Mitglieder der Gruppe brutal nach.

(Quelle: »*Wir hatten einen, der morgens mal länger geschlafen hat. Das hat der hinterher nicht mehr gemacht. Der ist in der Früh dann rausgezogen worden, ein Sack kam drüber, dann unter die kalte Dusche und jeder konnte reinschlagen. Ab da ist er pünktlich aufgestanden, um 5:30 Uhr!*«)[201]

Abweichungen von der Disziplin wurden stets mit brachialen Methoden unterbunden. Die Jungen entwickelten Korpsgeist.

4.2 Leibesübungen – Sport

Sport genoss in der HJ einen hohen Stellenwert. Klassische Disziplinen der Leichtathletik, wie 60-, 75-, und 3000-Meterlauf, Weitsprung und Schlagballwerfen, aber auch Schwimmen gehörten dazu.

In Murnau 1934 wurde noch Gymnastik angeboten. Während des ersten Großzeltlagers besaßen die Ausbilder noch einen gewissen Freiraum – allerdings auch für HJ-gerechten Mannschaftssport: »Wir bildeten 16 Fußballmannschaften für ein Turnier«, erzähle ein Teilnehmer 1934.[202] Zunehmend wurde die Sportausbildung militärischer.

Ziel der körperlichen Schulung waren keinesfalls Höchstleistungen des einzelnen Jungen, wie im Bildband »Unser Hochlandlager« zu lesen ist. Die Autoren sahen im Sport ein Mittel der »Charaktererziehung«. Man verzichtete lieber auf Spitzenleistungen Einzelner in den Sportarten. Für die HJ-Funktionäre war es wichtiger, wenn die ganze Mannschaft eine integrative Mindestleistung zeigte. Im Verordnungsblatt der Reichsjugendführung vom Januar 1934 wird darauf hingewiesen, dass sich beim »Gelände- oder Straßenlauf« das Tempo nach dem Schwächsten richtet. Das Ziel waren wieder keine Höchstleistungen, sondern ein Appell an das Kollektiv zuungunsten des Individuums.[203]

> *»Was würden einem Springer gute Sprungleistungen von über 4–5 Meter auf dem Sportplatz nützen, wenn er im entscheidenden Augenblick nicht über einen 3 Meter breiten Wassergraben zu springen wagt. Dies entscheidet nicht die Stilreinheit des Sprunges oder sein Können auf der Sprungbahn eines gepflegten Sportplatzes, sondern der Mut, die Entschlossenheit und Zielsicherheit. Und ebenso wenig*

Gymnastik im Hochlandlager, Murnau 1934.

Weitwurf im Hochlandlager Königsdorf 1936.

Boxen im Bannlager Lautersee 1937.

Eine Bootsmannschaft auf dem Riegsee, Murnau 1934.

würde das Können einzelner Kameraden von nutzen sein, wenn nicht die ganze Mannschaft es fertig bringt, über den Wassergraben zu springen.«[204]

Daneben wurden – in den Lagern des Gebiets 19 erst seit 1937 – auch ungewöhnliche Sportarten trainiert:

»Man muss sich das anders vorstellen als heute: die drei Disziplinen waren Keulenwurf – und zwar waren diese Keulen Nachbildungen von Handgranaten – dann auch Speerwurf, dann natürlich Lauf und Sprung.«[205]

Keulenwerfen, Speerwurf sowie Boxen dienten der Vorbereitung auf den Dienst in der Wehrmacht. 1937 erhielten sowohl die Teilnehmer des »Führer«- als auch der Bannlager Unterricht in Waffen- und Schießlehre. Neben Zielübungen und einer Einweisung in die Anschlagarten stand auch Übungsschießen auf dem Stundenplan des »Führerlagers« 1938.[206]

4.3 Geländespiele

Geländespiele gab es bereits in den Gruppen der »Bündischen Jugend«. Die Jungen übten Geländebeschreibung, das Anschleichen an einen Gegner und das Überbringen einer Meldung. Daneben vermittelte man den Jungen den Umgang mit Kompass, Karte und Messtisch. Die Reichsjugendführung nahm diese Übungen auf und nutzte sie direkt zur Kriegsvorbereitung. Ab 1936 wurden diese Übungen eng mit der Wehrmacht abgestimmt.[207]

4.4 Weltanschauliche Schulung

4.4.1 Praxis der weltanschaulichen Schulung

Auch demokratische Parteien hatten bereits während der ersten deutschen Demokratie versucht, ihre Haltungen und Werte an die eigenen Jungendverbände weiterzugeben. Hierzu dienten Heimabende und das gemeinsame Singen von Liedern. Die »Sozialistische-Arbeiter-Jugend« nutzte hierzu bereits Sprechchöre. Diese übernahm die Hitlerjugend. Die totalitär agierenden Machthaber der NSDAP legten besonderen Wert auf die »weltanschauliche Schulung«. Doch erst ab 1935 wurde die kulturelle Arbeit der Hitlerjugend mit der Gründung eines »Kulturamtes« in der Reichjugendführung institutionalisiert. Der Leiter des Amtes »Feier und Freizeit« verfasste zwei Jahre später »Freude – Zucht – Glaube. Handbuch für die kulturelle Arbeit im Lager«.[208] In erster Linie für die weltanschauliche Schulung wurden in den Großzeltlagern 1934 bis

1936 Methoden entwickelt und erprobt, die später zum Einsatz kamen, wie weiter unten ersichtlich.

Viele Zeitzeugen erinnern sich an die langweilig-eintönig Schulungen in Heimabenden. Im Zeltlager bekamen sie die gleichen Inhalte zu hören, aber die Bedingungen waren günstiger. Eingebettet in einen feierlich gehaltenen Tagesablauf – frei von Störungen durch die Eltern – konnten die Machthaber diese Inhalte nachhaltig verankern. Daneben wurde den Teilnehmern das Gefühl vermittelt, als »Führer« Teil einer Elite zu sein. Die politische Beeinflussung war durch Sprechchöre, Lieder, Vorträge, Theaterstücke und sogar während der Pausen stets präsent.

4.4.2 Flaggenparade und sonntägliche Morgenfeier

Die Flagge genoss in der Hitlerjugend – anders als in den Gruppen der »Bündischen Jugend« – kultische Verehrung. Im Handbuch für die kulturelle Arbeit im Lager (1937) empfahl Claus Dörner, die Flaggenparade vor dem Frühstück abzuhalten. In den Hochlandlagern von 1934 bis 1936 erfolgte das Hissen der Flagge allerdings nach dem Frühstück.

Ablauf einer Flaggenparade nach Claus Dörner

Zur Wahl der Tagesparole empfahl der Verfasser von »Freude-Zucht-Glaube« die Namen berühmter deutscher Helden oder Orte. Begriffe, die uns heilig sind, wie Adolf Hitler oder Deutschland seien nur an Tagen mit besonderer Bedeutung zu wählen. Andernfalls könnten diese Worte verschleißen.[209]

An Sonntagen war eine »Morgenfeier« mit dem Bekenntnis zum »Höchsten, das der Deutsche kennt« abzuhalten. Diese Morgenfeiern sollten keine Diskussionen und Streitigkeiten mit »konfessionellen Einstellungen« bringen. Ziel sei es, die Menschen aus der unbedingten Überzeugung von der göttlichen Allmacht und der Weltanschauung des Führers und seiner Bewegung heraus zu festigen und zu stärken. Die Aufgabe der sonntäglichen Morgenfeier sei mit der des christlichen Gottesdienstes zu vergleichen. Ähnlich einem christlichen Gottesdienst sollten eine Abfolge von Sprechchören und Liedern sowie eine zündende Ansprache gehalten werden. Empfohlen wurden Texte von nationalsozialistischen Poeten, wie Hans Baumann[210] und nationalistische Texte von Dichtern, wie Ernst Moritz Arndt, Aussprüche des NSDAP-Chefideologen Alfred Rosenberg und natürlich Zitate aus Adolf Hitlers Buch »Mein Kampf«.[211] Folgender Satz in Dörners Anweisungen ist bezeichnend für die Ablehnung der christlichen Religion in der Hitlerjugend:

»Falls einige Hitlerjungen es vorziehen sollten, am Sonntagvormittag in einer

benachbarten Dorfkirche den Gottesdienst einer christlichen Konfession zu besuchen, hat die sonntägliche Morgenfeier dennoch stattzufinden.«[212]

In den 1930er-Jahren war die Bindung der Bevölkerung an die christlichen Konfessionen stärker als heute. Jungen aus einem christlichen Elternhaus wurden unter Druck gesetzt. Kirchgängern drohte die Ausgrenzung. Die Kirchenfeindlichkeit der Hitlerjugend stieß bei den Dorfbewohnern in Aidling auf Ablehnung.

Als Losungen mussten die Jungen gemeinsam Sprechchöre schreien. Neben den martialischen Versen, in denen 1934 an die 6000 Lagerteilnehmer appelliert wurde, »Wir sind zum Sterben für Deutschland geboren – Und nicht zu dienen blöden Toren« kamen auch 1934 antirassistische rassistische Verse vor:

»Ein rassereines Volk, das sich seines Blutes bewusst ist, wird vom Juden niemals unterjocht werden können. Er wird auf dieser Welt ewig nur der Herr von Bastarden sein.«[213]

Eine Flaggenparade

Die Mannschaft ist angetreten. Der Führer vom Dienst meldet sie dem Lagerführer.

„Heil Hitler, Lagermannschaft!"
„Heil Hitler!"

Der Führer vom Dienst sagt die Tageslosung an.
„Augen gerade — aus! — Die Losung des heutigen Tages heißt: Herbert Norkus!"

Ein Junge spricht:
„Wir trauern nicht an kalten Sarkophagen,
wir treten hin und sagen: einer war,
der das gewagt hat, was wir alle wagen.
Sein Mund ist stumm. Wir treten hin und sagen:
die Kameradschaft ist unwandelbar.

Es sterben viele. Viele sind geboren.
Die Welt ist groß, die sie umschlossen hält.
Das Wort jedoch, auf das wir eingeschworen,
das Wort geht auch den Toten nicht verloren;
das macht: die Pflicht ist größer als die Welt.

Die Pflicht, sich zu erinnern, was gewesen,
bevor wir waren. Denn wir werden sein,
was Spätere, wenn wir im Grab verwesen,
aus unserm Leben Lesenswertes lesen.
Das ist gewaltiger als Erz und Stein!"

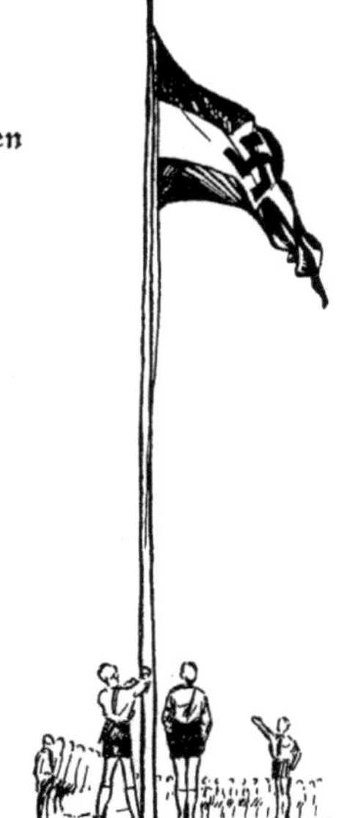

Ablauf einer Flaggenparade nach Claus Dörner.

4.4.3 Märtyrerkult

In den Straßenkämpfen vor der sogenannten Machtergreifung der NSDAP fanden auch 21 Hitlerjungen den Tod.[214]

Herbert Norkus war der bekannteste »Märtyrer« der Hitlerjugend. Der 16-jährige Fähnleinführer wurde am 24. Januar 1931 in Berlin beim Kleben von Wahlplakaten von Kommunisten überrascht und getötet. Die UFA verfilmte sein Leben und seinen Tod in dem Film »Hitlerjunge Quex«. »Weil sie starben, leben wir!« Unter diesem Motto wurden die zu Märtyrern stilisierten Mitglieder der HJ anderen Jugendlichen als Vorbilder präsentiert.[215]

Walter Pröbstle und Josef Neumaier hießen die beiden »Märtyrer« des Gebietes Hochland. Josef Neumaier war ein 16-jähriger Fähnleinführer aus München. Am 16. März 1933 kam er – wohl im Zuge der Gleichschaltung Bayerns – in einem Straßenkampf ums Leben. Angeblich wurde Neumaier »von marxistischer Mörderhand« getötet, wie Dr. Tempel in Murnau verkündete.[216] Tatsächlich hatte die »Hitlerjugend« ein Heim der sozialistischen Jugend in München-Sendling besetzt. In der Nähe dieses Heims fielen Schüsse. Der »Bäckergehilfe« und Fähnleinführer Neumaier wurde abends mit einer Schussverletzung im Unterleib bewusstlos gefunden und ins Heim getragen, wo er starb.[217] Am ersten Jahrestag seines Todes errichtete die Münchner Hitlerjugend am Ort seines Sterbens in München-Thalkirchen einen Gedenkstein. Der »Märtyrer« der eigentlichen Hitlerjugend, Walter Pröbstle, kam 1933 beim Gebietstreffen durch einen Unfall ums Leben.[218]

4.4.4 Das HJ-Lied – Motor der geistigen Kriegsbereitschaft

Märsche und alle Zeremonien wurden von Gesang umrahmt. Es sollten keine »bündischen Feuergesänge und kein albernes und dummes Zeug ständig im Lager erklingen«. Das »Handbuch zur kulturellen Arbeit im Lager« empfahl: »Als ›Lagerschlager‹ ist eines jener pfundigen, im Rhythmus starken Soldatenlieder am besten geeignet – und es schadet nichts, wenn im Text etwas von Liebe und Tod vorkommt.«[219] Tatsächlich findet der Leser in diesem Buch auch traditionelle Volkslieder. Aber gewöhnlich wurden andere Lieder gesungen. Ein Teilnehmer des Hochlandlagers in Königsdorf erinnerte sich:

> *»Wir mussten jeden Tag ein Lied lernen, ich war 21 Tage hier – ich habe 21 Lieder gelernt. Ich bin kein großer Musikfreund, aber ich musste sie schreien können – und nicht nur die erste Strophe, sondern alle drei oder vier. Und darunter waren entsetzliche Texte, deren volle Wirkung in den letzten Kriegsjahren oder nach dem Krieg bewusst geworden ist, wenn es zum Beispiel geheißen hat: ›Fort*

mit allen, die noch klagen, die mit uns den Weg nicht wagen. Fort mit jedem schwachen Knecht, nur wer stürmt hat Lebensrecht‹.«[220]

Auch Antisemitismus fehlte im Liedgut nicht:

»›*Die Juden ziehen dahin daher, sie ziehen durch das Rote Meer, die Wellen schlagen zu, die Welt hat ihre Ruh* [...].‹ *Man hat das einfach so gelernt.*«[221]

Die Hymne der Hitlerjugend verfasste Baldur von Schirach persönlich.

»*Unsere Fahne flattert uns voran, unsere Fahne ist die neue Zeit, und die Fahne ist die Ewigkeit, ja die Fahne ist mehr als der Tod.*«

Der Text war einfach, hatte aber starke Prägekraft.

4.4.5 Vorträge und Feierstunden

Das militärische Gedenken an die Gefallenen war 1932 auch in anderen Jugendverbänden stark präsent. Die NS-Kampfverbände – dazu gehörte auch die Hitlerjugend – glaubten ihrer »Dankesschuld« den Gefallenen gegenüber allerdings nicht zu genügen, indem sie die Soldatengräber besuchten, in Liedern die Republik ablehnten und den Kampf verherrlichten. Die HJ-Anhänger sahen sich vielmehr

Gedenkstein für den Fähnleinführer Josef Neumeier 16. März 1934.

zwischen 1914 und 1933 in einem »zwanzigjährigen Krieg«, in dem sie politische Gegner des Nationalsozialismus angreifen mussten. Die Straßenschlachten mit gegnerischen Gruppen wurden stets mit den Schlachten des Ersten Weltkriegs verglichen.

Zentrales Thema des ersten Hochlandlagers war der »Opfergedanke«. Zentrales Thema war das Gedenken an die Gefallenen der Schlacht von »Langemarck«. In der Nähe dieser belgischen Ortschaft wurden im Herbst 1914 etwa 2000 schlecht ausgebildete, sehr junge oder sehr alte deutsche Soldaten gegen mit Maschinengewehren ausgestattete französische Stellungen gehetzt. Die deutschen Angreifer erlitten schwerste Verluste – die OHL berichtete in einem Kommuniqué am 11. November 1914, die Angreifer seien mit dem »Deutschlandlied« auf den Lippen gefallen. Anstatt auf einen möglichen Fehler der Generäle zu achten, sollte sich die deutsche Gesellschaft am Gedanken an die gefallenen Patrioten erwärmen. Im HJ-Magazin »Wille und Macht« erschien ein Artikel »Wir Jungen und das Vermächtnis von Langemarck«.[222] Von 1934 bis 1935 erschienen in HJ-Publikationen die meisten Artikel zum Ersten Weltkrieg, bevor das Thema um 1936 verschwand.

> »[…] *wenn wir den kleinmütigen Betäubungsrausch der Nachkriegszeit vergessen und wenn vor allem die heranwachsende Generation den still stehenden Geist der Frontkameradschaft verstehen, lieben und üben lernt* […].«[223]

Auf dem großen Thingplatz sprachen am Abend des 11. August die Mitglieder des »Stoßtrupps Adolf Hitler« zu den Teilnehmern.[224] Die Botschaft war klar: Der Krieg als das große Ereignis im Leben. Im Schützengraben entstand – nach Ansicht der Nationalsozialisten – die Gemeinschaft, in der alle gleich waren, der »Deutsche Sozialismus«. Auf den Thingplätzen der Hochlandlager lasen auch berühmte nationalsozialistische Politiker und Schriftsteller, wie Werner Beumelburg 1935 in Lenggries aus ihren Werken.[225]

Es gab auch lokale Vorbilder der Hitlerjugend: Im März 1943 wurde der kurz vorher als Kompanieführer des Polizeibataillons 10 in der Sowjetunion gefallene Walther Fischer in Weilheim in Oberbayern den Hitlerjugend-Jungen und BDM-Mädchen als Vorbild präsentiert. Stationen seines Lebens: der Kaminkehrerlehrling war ein ungewöhnlich brutaler SA-Schläger und beteiligte sich am 1. Februar 1931 an der Saalschlacht in der Murnauer Gaststätte »Traube«.[226] Fischer meldete sich 1935, nach Gründung der Wehrmacht zum Wehrdienst und schied ein Jahr später als Gefreiter und Offiziersanwärter wieder aus. Bis 1937 verblieb Fischer in der SA, um dann zur »Ordensburg« Vogelsang zu wechseln. Ein Jahr später wechselte der junge Mann als Hilfskraft zum berüchtigten SD München-Oberbayern (Sicherheitsdienst der SS) nach München. Im Februar 1939 wurde Fischer in die Polizei übernommen und besuchte die Schule für Polizei-Offiziere, die er am 20. April 1940 abschloss. Am 10. Juni 1940 wurde er unter Rangangleichung zum

»Unterführer« in die SS aufgenommen. Fischer fiel als Mitglied einer Einheit des Polizeiregiments bei Kosopol.[227] Gerade Mitglieder von Polizeieinheiten waren an den Massenerschießungen von Juden beteiligt.[228] So sahen die Vorbilder nach Geschmack des NS-Regimes aus: brutal, wenig geistig und voller Hass.

4.4.6 Das Thingspiel – Höhepunkt der weltanschaulichen Schulung

Höhepunkte der drei ersten drei Hochlandlager waren gewiss die »Weihe«- oder »Thingspiele«. »Thingplätze« sind aus dem germanischen Raum bekannt. Dort sollte jeder Sprecher vor einem größeren versammelten Plenum verstanden werden. Die Jugendbewegung zu Beginn des 20. Jahrhunderts nahm diesen Begriff wieder auf, um in der wilhelminischen Zeit an vermeintlich bessere Zeiten anzuknüpfen. Neben Versammlungen wurden auch Trachtentanz, Gesang und auch Laienstücke auf diesen Plätzen aufgeführt.

Nach Ausbruch der Weltwirtschaftskrise sollten auch außerhalb der Jugendbewegung, aber nach ihrem Vorbild solche Großereignisse veranstaltet werden. 1929 wurde der »Reichsbund der deutschen Freilicht- und Volksschauspiele e. V.« gegründet. Für die Veranstaltungen wählte man auf Vorschlag des Theaterwissenschaftlers Carl Niessen wählte man die Bezeichnung »Thingspiel«. Die Nationalsozialisten eigneten sich das Medienformat und sorgten für den Bau von 40 Großfreilichtbühnen. Fortan sollte es ihren Zwecken dienen. Die bekannte Waldbühne in Berlin war ursprünglich ein »Thingplatz« und trug den Namen »Dietrich-Eckhardt-Bühne«. Der »Große Thingplatz« bei Murnau sollte der erste Thingplatz in Oberbayern sein und »für die Dauer« bleiben.[229]

In der Hitlerjugend agierten Spielscharen als regelrechte Kulturkampftruppen mit Stilmitteln eines »Agit-Prop-Straßentheaters«. Für die Thing-Euphorie im Hitlerjugendgebiet 19 Hochland sorgte das »Jungvolk-Fähnlein Widdember« aus München durch die musikalische Umrahmung mit Trommelzug und Fanfarenbläsern. Die Musiker unterstanden dem »Schulungsleiter« des Hochlandlagers, Oberjungbannführer Richard Etzel.[230] Dem Oberjungbannführer wurden sogar zwei satirische Anzeigen in der zweiten Lagerzeitung gewidmet: »Unterricht in der hunnischen Sprache erteilt: Richard E. Widdember«[231] [Anm. d. Verfassers: Etzel ist der Name, den der hunnische König Attila in der Nibelungen-Sage trägt]. Damit war der Oberjungbannführer Richard Etzel gemeint.

»Wie sah ein »Thingspiel« der Hitlerjugend aus? Die Dichter sollten aus den Reihen der Frontsoldaten, der SA, der SS und eben der HJ kommen. Unter Einbeziehung aller Anwesenden sollte das kultische Spiel die »Volksgemeinschaft« zelebrieren. Bei der Gemeinschaft – für dies wurde auf der Bühne gestritten – lag stets das Recht. Individualistische Gedankengänge wurden immer zugunsten der Volksgemeinschaft gelöst. Die Trennung zwischen Schauspielern und Publikum sollte aufgehoben sein.[232]

Der Dichter der »Thingspiele«, die in den drei großen Hochlandlagern 1934, 1935 und 1936 aufgeführt wurden, hieß Gerhard Pantel.

Der Unterbannführer kam im Frühjahr 1933 aus Berlin nach Bayern. Er hatte zwei Bücher publiziert: »Potempa – Beuthen«[233] und »Befehl Deutschland«. Der im Titel genannte Ort liegt in Oberschlesien. Hier trampelten 1932 fünf SA-Männer einen polnischen Arbeiter, der Kommunist war, buchstäblich zu Tode. Das zweite Buch hieß »Befehl Deutschland. Ein Tagebuch vom Kampf um Berlin«[234] und schildert den brutalen Alltag eines SA- und später HJ-Mitglieds in Berlin – den Pantel in fast widerlicher Weise feierte. Diese Schrift ist die Grundlage für das Theaterstück »Fähnlein Langemarck«[235]. Möglicherweise lassen sich autobiografische Parallelen erkennen: der Protagonist des Romans wurde versuchten Totschlags zu eineinhalb Jahren Gefängnis verurteilt.[236]

»Fähnlein Langemarck«

Dieses Theaterstück erlebte seine Premiere im Hochlandlager 1934 bei Murnau.

Das Drama wurde am 19. August 1934 im Hochlandlagergelände bei Murnau – zumindest in der Lagervariante – uraufgeführt. Ursprünglich war das Stück als Hörspiel konzipiert und wurde für die Aufführung im Lager umgearbeitet.

Das Bühnenstück bestand aus fünf Szenen.

Intro:

> *»Wir sind nicht durch das Trommelfeuer der Materialschlacht geschritten. Wir lagen nicht in dem zerfetzenden Feuer vor dem Douamont, am Chapitrewald und Toten Mann. Damals sahen wir noch mit großen fragenden Augen zum dem Vater und Bruder im grauen Waffenrock auf und wußten nichts zu sagen. Dann offenbarte sich uns in der reinen Idee des Nationalsozialismus – Deutschland …«*[237]

1. Szene: Im Fähnlein-Heim

Berliner Hitlerjungen sitzen im SA.-Heim und haben gerade vom Tod eines HJ-Kameraden erfahren. Es wird Alarm ausgegeben: »Kommune und Reichsbananen« wollen »Faschisten jagen«. Schuld seien die Polizeipräsidenten Gryzinski und »Isidor« Weiß. Auftauchende Zweifel werden mit dem Hinweis auf den Glauben an Deutschland zum Schweigen gebracht. Ein SA-Mann bringt als Bote den Auftrag, die Hitlerjungen sollten Flugblätter im von Kommunisten beherrschten Wedding verteilen und anschließend helfen, eine Versammlung zu schützen. Am nächsten Morgen soll sich die Gruppe gut getarnt im sogenannten Sturm-Heim, dem Treffpunkt des SA-Sturms 17 treffen.[238]

So wollte ihn die NSDAP sehen – Horst Wessel auf dem Reichsparteitag 1929.

Hitlerjungen vor der »Ehrenwand« des Hochlandlagers bei Murnau 1934.

2. Szene: Im Sturm-Heim »Bombenschloß«
Die Hitlerjungen werden barsch von »Korporal« Willi Husmar, »Schweinebacke«, dessen Brutalität bei Ausschreitungen am Vortag von einem anderen SA-Mann gerühmt wird, begrüßt:«

> »*... wo Korporal Schweinebacke bei ist, wackelt der Laden ...*«[239]

Die Jungen werden von SA-Männern zur Straße gefahren, in der sie die Treppenhäuser hochlaufen und Flugblätter einwerfen. Plötzlich kommt die Nachricht, die Jungen aus Werners Fähnlein seien überfallen worden.[240]

3. Szene: Flucht und Rettung
Zwei Hitlerjungen flüchten vor einem kommunistischen Mob in eine Privatwohnung. Dort werden die beiden von einem zum Nationalsozialismus »konvertierten« Kommunisten vor der tobenden Menge von Kommunisten gerettet.[241]

Auf der Straße

Die gerade geretteten Hitlerjungen treffen sich mit den anderen Hitlerjungen vom »Saalschutz« auf der Straße. Es erfolgt ein Rückblick – die Jungen preisen ihre Radikalität als »Reife«:

> *»Die anderen blieben Pfadfinder, sie haben ihr ruhiges Jungenleben behalten dürfen. Aber weißt du, es sind auch keine Hitlerjungen …«*[242]

Die Zuschauer erfahren Details zu den Biographien der Bühnenfiguren. Werner hat sein Studium nach 1 ½ Jahren aufgegeben, um sich dem Straßenkampf zu widmen, was an die Biographie von Horst Wessel erinnert. Es entsteht pathetische Stimmung: die Jungen beschließen, auf der Fahne das Wort »Langemarck« einzunähen. Plötzlich überfallen dunkel dargestellte Kommunisten die Hitlerjungen in Unterzahl – Polizei kommt nicht – wird bemerkt. Heinrich Götze, der Fähnrich wird verletzt, weigert sich dennoch, die Fahne aus den Händen zu legen, um sich verbinden zu lassen. Sein Freund Werner wird verhaftet.[243]

4. Szene Zurück im »Fähnlein-Heim«

Die Mitglieder des HJ-Fähnleins sitzen im Heim und der aus dem Krankenhaus zurückgekehrte Heinrich Götze erfährt, dass Werner, ohne zugeschlagen zu haben, aufgrund der Falschaussagen von Kommunisten verhaftet wurde und zu zwei Jahren Gefängnis verurteilt wurde. Werners »Heldenmut« wird von allen gelobt. In einem Brief aus dem Gefängnis mahnt der einsitzende Werner die Mitglieder des Fähnleins zur Einigkeit an der »Front«. Heinz Götze wird zum Führer des Fähnleins ernannt, weil er die Fahne auch verletzt nicht loslassen wollte. Heinz Götze sollte folgende Worte in das Tuch einnähen:

> *»Wir sind zum Sterben für Deutschland geboren!«*[244]

Im Hochlandlager 1934 sollte die Wirkung des Thingspieles erprobt werden. Pantel kommentierte den Sinn des Stückes so:

> *»Lebendig bis ins letzte ist das Spiel, keine Dichtung, sondern reine Wahrheit ist …«*[245]

Um diese »Wahrheit« deutlicher zu machen, empfahl Gerhard Pantel, dass in den Pausen zwischen den Szenen Trommelwirbel erklingen sollten.[246] Die Kommunisten sollten immer im Dunkel stehen. »Die Spieler – so Pantel – werden immer gut daran tun, sich vor und zwischen den Proben an Heimabenden zusammenzufinden, wo dann aus der Zeit, in der Wessel und Norkus fielen, erzählt, vorgelesen und gesungen wird.« Die Spieler sollten vom Stück vollständig ergriffen sein, um die Darstellung realistischer wirken zu lassen.[247]

»Ehrenwand« im Hochlandlager Aidling/Riegsee, dem ersten Großzeltlager der HJ im bayerischen Oberland, 1934.

Fanfarenbläser vor der »Ehrenwand«, 1934.

Die Erstaufführung habe im Hochlandlager 1934 stattgefunden. Der Autor hoffte auf die Arbeit seiner HJ-Kameraden:

»Es ist möglich und zu hoffen, daß ihr noch wirkungsvollere Wege findet ...«[248]

Der Berliner Straßenkampf der »Kampfzeit« wurde in einem eigentlich beschaulichen Waldstück, in dem sich Fuchs und Hase gute Nacht sagen, aufgeführt.

Das Theaterstück hatte bei den Jugendlichen und Heranwachsenden den gewünschten Erfolg, berichtete die Lagerzeitung:

> *»Die Spieler verstanden es in hervorragender Weise sich in die Rollen einzuleben und gestalteten das Erlebnis der Kampfzeit in lebenswahrer (sic!) Form. Die Jungen lauschten gespannt bis zum letzten Wort dieser packenden Schilderung nat. soz. Kampfes. Größter Beifall.«*[249]

Die Handlung gleicht dem Inhalt des Spielfilms »Hitlerjunge Quex« und vieler anderer Theaterstücke und führt Totalitarismus vor: die Hitlerjungen fühlen sich in den Kämpfen des Ersten Weltkriegs. Sie zeigen blinden Glauben an ihren »Führer« Adolf Hitler und im Kadavergehorsam befolgen sie noch so selbstmörderische Befehle. Der Tod im Kampf wird als erstrebenswertes Ziel vorgeführt. Die Hitlerjungen verteidigen stets die deutsche Bevölkerung vor den feige angreifenden Kommunisten.

1934 wurde in Murnau noch ein weiteres Theaterstück aus der Feder Gerhard Pantels aufgeführt: die »Deutsche Passion«. Das Stück war eine »Heilsgeschichte« – zur vermeintlichen »Rettung« des deutschen Volkes vor der »Demokratie« durch den »Führer« Adolf Hitler und den Nationalsozialismus. Zehnjährige Pimpfe mussten in dem Stück als blutbeschmierte Leichen aus Gräbern steigen, um Deutschland vor den Kommunisten zu retten.

Die Themen wurden zentral vorgegeben. Weitere Stücke von Gerhard Pantel wurden sowohl in Lenggries 1935 »Arbeiter, Bauern, Soldaten«[250] als auch in Königsdorf 1936, »der Rebell«[251] aufgeführt. Stets standen tagespolitische Ereignisse im Hintergrund: 1935 wurden die Wehrmacht gegründet und die allgemeine Wehrpflicht »wiedereingeführt«. 1936 stand der Konflikt zwischen SS und katholischen Orden im Vordergrund. Die Thingspiele hatten den Zweck, den Nationalsozialismus zu verherrlichen und seine Gegner zu dämonisieren. Dies geschah in der Dämmerung mit Hilfe von Lichteffekten, die zu den martialischen aber banalen Stücken eindrucksvolle Stimmungsbilder erzeugten.

Historische Straßenschlachten der SA – die Schlacht in Berlin Lichterfelde

Die SA-Trupps in Berlin überfielen häufig Gegner. Dabei gab es Schwerverletzte und Tote. Der Gauleiter von Berlin, Dr. Joseph Goebbels, hielt dann ergreifende Grabreden und verfasste darüber Artikel in seiner Hasspostille »Der Angriff«. So gelang es dem späteren Minister für Propaganda und Volksaufklärung, die Auflage zu steigern und auch viele weitere Anhänger, auch Kommunisten für die Nationalsozialisten zu gewinnen.

In einer politischen Schrift »Politika« lieferte Horst Wessel selbst Berichte zu Straßenschlachten in Berlin. Ob Horst Wessel nicht an dem unten geschilderten Überfall beteiligt war, ist nicht bekannt, er kommentierte die Ereignisse aber so:

> *»Wenn man die Opferfreudigkeit der Parteigenossen sah, dann bekam man in aller Trostlosigkeit dieser Tage wieder und wieder neuen Mut, wieder Glauben an die Zukunft.«*[252]

Am frühen Abend des 20. März 1927 überfiel eine fast 700 Mann starke SA-Truppe zwischen den Bahnhöfen Treblin und Lichterfelde-Ost eine etwa zwei Dutzend Mann starke Gruppe von Kommunisten um den Landtagsabgeordneten Paul Hoffmann. Mit Rufen wie »Schlagt die roten Hunde tot!« attackierten die SA-Männer einen Zug, in den sich die Kommunisten geflüchtet hatten. Die Fensterscheiben des Zuges wurden eingeschlagen und mit Steinen und Fahnenstangen schlugen die SA-Leute auf die Kommunisten ein. Auch Schüsse fielen.

> Der Staatsanwalt schrieb lapidar:
>
> »Zahlreiche Blutlachen zeigen, daß die Rotfrontkämpfer unter dem Angriff der Nationalsozialisten viel gelitten haben müssen …«[253]

Danach zogen die Nationalsozialisten zum Kurfürstendamm, wo sie auf Passanten mit »jüdischem Aussehen« einprügelten. Jüdische Besucher auf dem Kurfürstendamm zu belästigen und zusammenzuschlagen, entwickelte sich zu einer Art »Sport« der SA in Berlin.[254] Überfälle auf zahlenmäßig weit unterlegene Gegner, das zeigen die Beispiele, waren eher die Regel als die Ausnahme.[255]

Wer war Horst Wessel?

> *»Die Fahne hoch, die Reihen dicht geschlossen*
> *SA marschiert mit ruhig festem Tritt*
> *Kameraden, die Rotfront und Reaktion erschossen*
> *Marschieren im Geist in unseren Reihen mit …«*

Eröffnet wurde das Hochlandlager am 1. August 1934 mit dem Absingen des »Horst-Wessel-Liedes«. Gewidmet war dieses Lied der zentralen Figur der Verehrung in der NSDAP, Horst Wessel (1907 – 1930). Der SA-Sturm-Führer hatte das »Horst-Wessel-Lied«1929 komponiert. Dieses Lied wurde nach seinem Tod 1930 zur Parteihymne der NSDAP. Zwischen 1933 und 1945 bildete das Horst-Wessel-Lied im Anschluss an das »Deutschlandlied« den zweiten Teil der deutschen Nationalhymne.

Geboren wurde Horst Wessel am 9. Oktober 1907 in Bielefeld als Sohn eines evangelischen Pastors in einem Pfarrhaus auf. Sein Vater starb, als Horst 15 Jahre alt war. Nach dem Abschluss des Gymnasiums begann der Pastorensohn ein Studium der Rechtswissenschaften. Horst wurde 1928 Mitglied der Corps Normannia Berlin und Alemannia Wien. Das Studium beendete Horst nach drei Jahren, um sich voll der »Parteiarbeit« für die NSDAP, im Wesentlichen brutalen Schlägereien zu widmen. Seine Jugend hatten der junge Horst und sein Bruder Werner Wessel in einem deutschnationalen und demokratiefeindliches Elternhaus verbracht. Von 1922 bis 1925 war Horst Wessel Mitglied der Bismarck-Jugend, der Jugendorganisation der DNVP. Dort war Horst Mitglied des »Rollkommando Friedrichhain«, einer Truppe, die Jagd auf kommunistische und sozialdemokratische Jugendliche machte. Daneben war Wessel Mitglied der illegalen Schwarzen Reichswehr. 1926 trat Horst Wessel in die NSDAP und in die SA ein. Hier fand Wessel seine Bestimmung. Joseph Goebbels, gerade zum Gauleiter der NSDAP in Berlin ernannt, machte die Partei mit wüsten Überfällen der SA auf Kommunisten und Sozialdemokraten bekannt, über die der Gauleiter anschließend ergreifende Artikel in seiner Hasspostille »Der Angriff« publizierte. Dabei nahm Goebbels in Kauf, dass jugendliche SA-Männer und Hitlerjungen (Die Hitlerjugend war damals Teil der SA) getötet wurden. Bei den Beerdigungen hielt Goebbels ergreifende Reden – und steigerte damit die Bekanntheit der NSDAP und auch der Auflage der Kampfschrift »Der Angriff«. Horst Wessel stieg bis 1928 zur bekanntesten SA-Größe auf und leitete den SA-Sturm 5, der als besonders brutale Schlägertruppe bekannt war. Der SA schlossen sich auch Kommunisten an. Wessel setzte für seine provokatorischen Märsche, die regelmäßig in Schlägereien endeten, die Ausrüstung einer »Schalmeienkapelle« durch. Diese billigen Holzinstrumente benutzten sonst nur die Kommunisten – und die Holzinstrumente konnten nach den häufigen Schlägereien leicht ersetzt werden. Am 14. Januar 1930 wurde Horst Wessel von dem KPD-Mitglied Albert (Ali) Höhler in seiner Wohnung niedergeschossen. An den Folgen des Kopfschusses starb Horst Wessel am 22. Februar 1933.[256] Goebbels stilisierte den toten SA-Mann zum Märtyrer. Persönlich hegte der spätere Minister für Propaganda und Volksaufklärung ein recht nüchternes Bild des SA-Helden:

> *»Wie in einem Roman von Dostejewski: der Idiot, der Arbeiter, die Dirne, die bürgerliche Familie, ewige Gewissensbisse, ewige Qual. Das ist das Leben dieses 22-jährigen Phantasten.«*[257]

Willi Schmidt – »Schweinebacke« – ein brutaler Schläger

Die Parallelen zum Leben von Horst Wessel sind sowohl am Inhalt dieses Stückes als auch an den Personen nicht zu übersehen. Einer der SA-Truppführer wurde im Theaterstück mit dem Spitznamen »Schweinebacke« angesprochen. Als sein Name wird »Willi Husmar« genannt. Die Beschreibung passt zum SA-Mann Willi Schmidt (1907 – 1972), der diesen Namen wohl wegen einer auffälligen Hasenscharte führte. Schmidt galt als brutaler Schläger, unzugänglich »jeglichen erzieherischen Einflüssen«. Schmidt führte einen Untertrupp von Wessels Sturm, den Trupp 51. »Schweinebacke« wurde ein »Mann fürs Grobe«. Bis 1933 war Schmidt »Schweinebacke« fünf Mal vorbestraft. Für die Zeit nach der Machtübernahme der Nationalsozialisten ist Schmidts Beteiligung an NS-Verbrechen gesichert: am 4. August 1933 war Schmidt an der Ermordung Ali Höhlers, des Mannes der die Schüsse auf Horst Wessel abgefeuert hatte, beteiligt.[258] Auch mit der Ermordung des »Hellsehers« Erik Hanussen am 25. März 1933 wird er in Verbindung gebracht. 1968 wurde Willi Schmidt zur Ermordung Ali Höhlers verhört. Da man ihm nur »Beihilfe zum Mord« nachweisen konnte, musste er entlassen werden – die Tat war bereits verjährt. Willi Schmidt starb 1972 in München-Gräfelfing.[259]

4.4.7 Lagerfeuererzählung

Abends versammelte sich jede Zeltbesatzung vor dem Lagerfeuer, um das Erlebte zu verarbeiten. Anders als in der Zeit der freien Jugendorganisationen sollte das frei von Sentimentalitäten geschehen. Damals seien »fantastische« von einer »unechten, verlogenen Romantik getragene Vorstellungen auf die Jungen übertragen worden«. Das bedeutet, die Jungen sollten nicht – wie in Bündischen Gruppen üblich – frei um das Feuer herum liegen und sich ungezwungen Geschichten erzählen. Aber ganz konnte man auf Romantik dann doch nicht verzichten, sie sollte jedoch gelenkt sein:

> *»Nun ist ja doch klar und verständlich, daß das Feuer und der darum geschlossene Kreis eine besondere Wirkung auf jeden Jungen haben. Wenn er in die Flammen sieht, beginnt er zu träumen, Gedanken nachzuhängen, die ihm im harten, hellen Erleben des Tages niemals einfallen würden.* […], *Das sind die Stunden, die da dem Führer die Seelen der Jungen aufgeschlossener sind als in anderen Zeiten. Jetzt kann er mit klugen Worten beeinflussen, formen prägen.«*[260]

Die Jungen hoben einen einfachen und doppelten Sitzring aus, in dem jeder der Anwesenden aufrecht sitzen konnte. Der Leiter des Lagerabends bestimmte dann, wann was gelesen, erzählt oder gesungen wurde. Bevorzugt wurden dabei historische Berichte zu den Themen Krieg oder Aufstieg der NSDAP. Im Hochlandlager 1935 hat Werner Beumelburg seine Texte vorgelesen.
Diese Inszenierung erreichte die jugendlichen Zuhörer. Aus der Autobiografie eines Lagerteilnehmers:

»Zeltgarten« im Hochlandlager 1936.

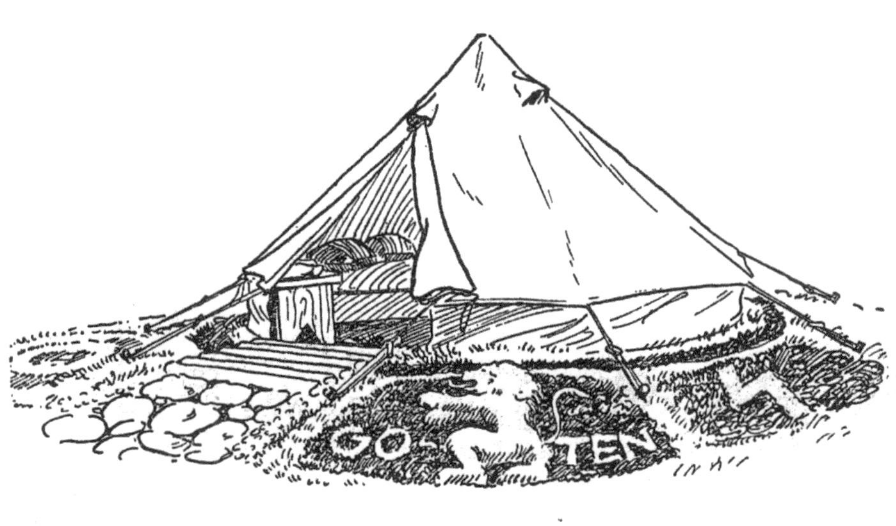

Anweisung zur Anlage eines Zeltgartens im Handbuch von Claus Dörner, 1937.

»[...] *Allein war der Karli ja nur ein mäßig guter Gymnasiast von vierzehn Jahren, der gerne las und träumte und der manchmal sogar vor irgendetwas Angst hatte. Ganz besonders davor, dass diese Tatsache einmal jemand merken könnte. – Ein ziemlich gutmütiger Kerl, der seine Eltern liebte und den Opa und die alte Tante Emmi.*

Aber hier, Schulter an Schulter sitzend, da war er Starker unter Starken, ein Tapferer unter Tapferen, Unbesiegbarer unter lauter Unbesiegbaren.«[261]

Nach dem Ende der Erzählung erfolgte sofort der Befehl `Schlafengehen´. Die Fahne wurde wortlos eingezogen und ein Trompetensignal verkündete `Zapfenstreich´ und damit die Bettruhe. Die kurze Zeitspanne zwischen dem Ende der Erzählung und dem Schlafengehen sollten verhindern, dass die Jungen sich noch mit anderen Dingen zu beschäftigen.

4.4.8 Versteckte Ideologie

Die Gestaltung der Pausen im Tagesablauf der Zeltlagerbesatzungen blieben, abgesehen von stärkerer Strukturierung im Tagesablauf, in etwa gleich. Zwischen 12:40 Uhr und 13:40 Uhr war die Mittagspause vorgesehen. Vor dem Mittagessen musste ein »Tischspruch« gesprochen werden:

»*Erde, die uns dies gebracht, Sonne, die es reif gemacht, Liebe Sonne, liebe Erde, euer nicht vergessen werde!*«[262]

In der Mittagszeit konnten die Jungen sich erholen. Im 1937 verfassten Handbuch dachte der Verfasser auch an Jungen, deren Betätigungsdrang ungeachtet des Vormittagsdienstes ungebrochen war. Jeder Zeltmannschaft (15 oder 16 Jungen) empfahl der Autor, zwei bis drei Zeichenblöcke zur Verfügung zu stellen. Auch Jungen, die sich lieber praktisch im Gelände betätigen wollten, entgingen der NS-Ideologie nicht.

»*Eine recht wesentliche Bedeutung wird immer die Anlage von Zeltgärten haben. Es kann ein Wettbewerb zwischen den Mannschaften durchgeführt werden, den Platz am schönsten, saubersten und geschmackvollsten zu gestalten. Dabei dürfen die notwendigen Anlagen, wie die Zeltgräben, Spannschnüre usw. nicht zerstört werden. Mit etwas Sand, Moos und Steinen läßt sich viel machen. Wir wollen hier keine allzu strengen Maßnahmen anlegen und etwa jede Sigrune, die mit Steinen in Moos eingelegt wird, als kitschig verdammen. Hier soll dem Empfinden und dem Geschmack der Jungen völlig freie Bahn gelassen werden. Erst durch nachträgliche Beurteilung, durch Vergleich mit anderen Anlagen kann der Geschmack richtungsweisend beeinflusst werden ...*«[263]

In welche Richtung der Geschmack gelenkt werden sollte, ist auf den Bildern zu erkennen. Symbole und Ideologie des Nationalsozialismus waren im Zeltlager während des gesamten Tages omnipräsent. Über den Tag verteilt nahmen die Jungen bewusst und unbewusst, aber sicher prägewirksam, die Versatzstücke der menschenverachtenden NS-Ideologie in sich auf. Das Bild des Zeltgartens aus dem Hochlandlager 1936 und die Skizze eines »Zeltgartens« im »Handbuch für die Gestaltung des Langerlebens« zeigen, dass Methoden der Indoktrination im Hochlandlager erprobt wurden und später in den Kanon der Vorschläge für die Lagergestaltung aufgenommen wurden. In Dörners Handbuch wurden noch weitere Vorschläge gemacht, die wahrscheinlich in den Hochlandlagern erprobt worden sind. Der Zeltgarten aus dem Hochlandlager 1936 zeigt übrigens das erste Wappen der Hitlerjugend. Trotzdem empfanden jüngere Teilnehmer die Hochlandlager als unpolitisch. Ein 13-jähriger Teilnehmer am Hochlandlager 1934 betonte:

> *»Einfach – irgendwelche Spiele, die gemacht wurden, völlig harmloser Art. Wir hatten keine Waffen und nichts dergleichen. Es war ein Jugendlager – wie man es sich ganauso – in einer anderen Organisation hätte vorstellen können. Und die zweifellos vorhandene Indoktrinaton in Richtung Nationalsozialismus ist uns überhaupt nicht aufgegangen.«*[264]

4.5 Außenpräsentation der Großzeltlager

4.5.1 Lagerzirkus

Eltern und Gäste durften das Lager nur an bestimmten Tagen, am Mittwoch, am Samstag und am Sonntag besuchen. An einem Besuchertag veranstaltete die Lagerbesatzung einen Lagerzirkus – wahrscheinlich, um den Eltern fröhliche Jungen vorzuführen. Es gibt dazu Bilder vom Lagerzirkus am 19. August 1934 in Murnau. Auf dem Thingplatz des Oberbannes »Oberbayern« traten Pimpfe in einer »Quadriga« – einem der Handkarren – auf. Gezogen wurde das Gefährt von Hitlerjungen. Jungen bildeten eine Riesenschlange. Ältere Teilnehmer traten als Kunstreiter auf. »Der Junge, der ständig in dem geregelten, ernsten und strengen Lagerbetrieb steht, wartet sehnsuchtsvoll auf eine Gelegenheit einmal ohne ›Beeinflussung‹ [sic!] der Vorgesetzen herumtollen zu dürfen und tolle Stückchen zu leisten, die im geregelten bürgerlichen Leben unmöglich sind«[265], erfährt der Leser in bemerkenswerter Offenheit. Der Zirkus fand meist am Nachmittag statt – und fröhliche Jungen verließen scheinbar erholt das Hochlandlager. Der Lagerzirkus wurde als Institution beibehalten.

4.5.2 Weitere Formen der Verführung

»Die meisten Nachmittage einer 14-tägigen Lagerzeit werden mit Sport, Geländespiel und Marsch ausgefüllt sein. Von Zeit zu Zeit, höchstens aber zweimal in der gesamten Lagerzeit, steigt der große »Lagerzirkus«. Wir haben uns früher unter Lagerzirkus oft eine reichliche alberne Angelegenheit vorgestellt …«[266]

Während der ersten drei Jahre standen hauptsächlich spielerische Unterhaltung und Spaß im Mittelpunkt des Lagerzirkusses. 1937 brachte die Reichsjugendführung Übungen und Lieder ins Spiel, die gezielter und brutaler Ideologie vermitteln sollten. Dies sollte tückisch umgesetzt werden – und wurde in den Hochlandlagern wahrscheinlich getestet:

»Das Entscheidende am »Politischen Zirkus« ist vielleicht, daß die Jungen, die ihn sehen, und die Jungen, die ihn mitmachen, auf eine klare und feste Einstellung hin erzogen und ausgerichtet werden, ohne daß es ihnen selbst bewußt wird …«[267]

Antisemitismus spielte eine wichtige Rolle.

»Beim ganzen Lagerzirkus ist eine Unterscheidung zwischen dem in seinem Wesen »jüdischen Witz« und dem »deutschen Humor« notwendig.«[268]

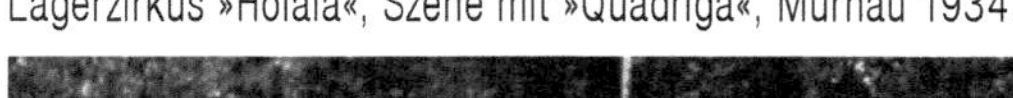

Lagerzirkus »Holala«, Szene mit »Quadriga«, Murnau 1934.

Ein Schattenspiel mit antisemitischen Klischees. Der Jude mit der »Juden«-Nase.

Wie sollte der »Politische Zirkus« nach Vorstellung Dörners aussehen? Das waren harmlose Sketche, wie »Kinospuk«, Späße über den Rundfunk, im Buch vorgestellt als »Funkisches«.[269] Vorgeschlagen wurden auch ein Sketch »Die große Oper«.

Dann wurden Veranstaltungen vorgeschlagen, mit denen die Einstellung der Nationalsozialisten verbreitet wurde.

So sollte in einem gespielten Sketch der Leiter eines »Raritätenkabinetts« einen »internationalen Menschen« als ausgesprochen dumm präsentieren.[270]

Auch ein Schattenspiel, »Eine historische Moritat« begleitet von einem Gitarrenspieler war vorgesehen. Hinter einer Leinwand sollten die Gestalten als Schatten gezeigt werden, die ein Junge in einem Lied besingen sollte, der sich mit Gitarre begleitet. In einer historischen Moritat sollte die Geschichte der Weimarer Republik als eine Abfolge von Heimsuchungen erzählt werden.

Das »System« stellt den demokratischen Rechtsstaat als Jammertal dar. Beherrscht wird das System von Ìsidor, der sich stark und mächtig vorkommt.

Die politischen Parteien, wichtig für den demokratischen Rechtsstaat werden als Diener Ìsidors' vorgestellt.

Aus dem Spartakus-Bund entstand die KPD (Kommunistische Partei Deutschlands). Eine Partei, die undemokratisch war und die Abschaffung des Eigentums forderte. Die Nationalsozialisten unterstellten allen Juden Kommunisten zu sein – weil einige der Revolutionäre der Münchner Räterepubliken aus jüdischen Familien stammten – sich aber als Atheisten bereits vom Judentum getrennt hatten.

Der Herr »Bonzerich« stellte Vertreter internationaler Konzerne dar. Diese hielten NSDAP-Anhänger für generell nur korrupt. Auch den internationalen Großunternehmern unterstellten die Nationalsozialisten Juden, oder »jüdisch-versippt« zu sein.

Das »Zentrum« war seit 1871 und auch in der Weimarer Republik die Partei der katholischen Christen. Die Farbe war schwarz – katholische Christen und auch die Geistlichkeit kooperierten zum großen Teil mit den Nationalsozialisten. Nur ein Teil der katholischen Christen blieb standhaft und verhielt sich heldenhaft. Aber das Oberhaupt der katholischen Kirche blieb der Papst. Auch wenn Papst Pius XII. sich der NSDAP gegenüber sehr servil zeigte, sollten Deutsche Jungen sollten nur ihrem »Führer«, Adolf Hitler folgen.

Als »Reaktion«, rückschrittlich, wurden betuchte liberale oder evangelisch-konservative Deutschnationale bezeichnet. Menschen, die zu den Eliten des Kaiserreichs gehört hatten, halfen, verbohrt in der Gegnerschaft der Demokratie gegenüber, den Nationalsozialisten dabei, an die Macht zu kommen. In das Bild der »arischen« nationalsozialistischen »Volksgemeinschaft« passten die elitären Monarchisten jedoch nicht.

Das Lied sollte zur Melodie eines Gassenhausers gesungen werden:

»Weise: »Sokrates, Sokrates«
O Freunde, hört die Moritat,
Die sich einst zugetragen hat,
Als hier regierte noch vordem,
das System, das System!
Die Haare kraus, die Nase krumm, Trieb er
Sich dreist im Land herum
Und kam sich stark und mächtig vor:
Isidor, Isidor!
Ihm folgte nach im deutschen Land
So manch bedenklicher Trabant,
Ihm dienten willig im Verein
Die Partein, die Partein!
Der erste war in dieser Schar
Ein wilder Bursche offenbar,
Er machte großes Ärgernus:
Spartakus, Spartakus!

Der zweite hieß Herr Bonzerich,
Er war beleibt und fühlte sich,

Er fand ja auch den rechten Ton:
Korruption, Korruption!

Der dritte schien ein frommer Mann,
Der alles zog in seinen Bann,
Und doch ... im Zentrum war sein Harz
Gar so schwarz!

Da ging's dem armen Michel schlecht,
Er war der reinste Judenknecht,
Man setzte ihm gehörig zu,
ohne Ruh, ohne Ruh!

Doch schließlich ward ihm zuviel
Dies teuflisch abgefeimte Spiel;
Er gab der Sippschaft und dem Jidd einen Tritt!

Nun ist der Michel Herr im Haus,
Und drin sieht's wieder wohnlich aus!
Die andern flohen außer Land:
Emigrant, Emigrant!«[271]

Die Botschaft ist klar: Adolf Hitler als »Erlöser« des Deutschen Volkes, der »Volksgemeinschaft«. Diese »Volksgemeinschaft« vertrat in den Augen der Nationalsozialisten den Volkswillen schlechthin. Die Demokratie wurde als »System« bezeichnet. Geführt von Juden überzogen nach Ansicht der Nationalsozialisten demokratische Parteien Deutschland mit Streit. Demokratische Gesprächskultur wurde gar nicht erkannt und die Politiker tyrannisierten angeblich den »Deutschen Michel«, das Volk mit Streit! Doch hinter allen Gegnern – auch wenn deren Ziele unvereinbar waren – stand als verborgene Kraft Isidor – der Jude. Ein wahrhaft schizophrenes Weltbild, das den Jugendlichen eingeprägt wurde. Für Juden und andere »rassisch minderwertige Menschen«, wie Sinti und Roma sowie die Anhänger der Demokratie gab es keinen Platz im Deutschen Reich Adolf Hitlers.

Die Nase des »Isidor«, damit war die Figur des Juden gemeint, musste stark übertrieben sein, lautete die Anweisung.[272] Die Jungen sollten auch damit subtil auf das Programm der Nationalsozialisten eingeschworen werden: Ablehnung der Demokratie und abgrundtiefer Hass auf Juden und Gegner der Nationalsozialisten.

»Isidor« – Dr. Bernhard Weiß – ein entschiedener Gegner der NSDAP

Dr. Josef Goebbels, seit 1926 Gauleiter der NSDAP in Berlin verwendete die Namenspolemik Ìsidor, eigentlich ein griechischer Name, schon 1924, um den Journalisten Maximilian Harden zu beleidigen.

> *»Maximilian Harden ist durch eine Lungenentzündung hingerichtet worden. Wir bedauern am Tod dieses Mannes nur, daß er uns die Möglichkeit genommen hat, auf unsere Weise mit Isidor Witkowski abzurechnen.«*

Viel häufiger sollte Dr. Joseph Goebbels Dr. Bernhard Weiß, von 1927 bis 1932 stellvertretender Polizeipräsident von Berlin in seiner Zeitschrift »Der Angriff« als Ìsidor beleidigen.

Dr. Bernhard Weiß wurde 1880 als Sohn einer liberal jüdisch deutschen Familie in Berlin geboren. Der Vater war Vorstand der jüdischen Gemeinde an der Fasanenstraße in Berlin. Bernhard Weiß studierte Rechtswissenschaften in Berlin, München, Freiburg im Breisgau und Würzburg. Das Studium schloss er mit der Promotion ab. Wegen der antisemitischen Vorbehalte meldete er sich zum damals toleranteren bayerischen Militär, um dort Offizier werden zu können. In einem leichten Kavallerieregiment erwarb Weiß dort 1906 das Reserveoffizierspatent und wurde 1908 Leutnant der Reserve in der Königlich-Bayerischen Armee. Im Ersten Weltkrieg stieg Weiß zum Rittmeister auf und wurde mit dem Eisernen Kreuz I. und II. Klasse ausgezeichnet. Im Sommer 1918 wurde Weiß als stellv. Leiter der Kriminalpolizei in Berlin eingestellt. Von 1927 bis 1932 war Dr. Bernhard Weiß Polizeivizepräsident. Er ging unbarmherzig gegen die NSDAP und ihre Schläger vor. Goebbels wehrte sich in seiner Hetzpostille »Der Angriff« mit Diffamierungen, wie »ViPoPrä« (Vizepolizeipräsident), Bürger jüdischer Herkunft und eben »Isidor Weiß«. Bernhard Weiß schlug zurück und überzog Goebbels mit 60 erfolgreichen Beleidigungsprozessen. Nach dem »Preußenschlag«, der Absetzung der preußischen Landesregierung am 20. Juli 1932 wurde der Polizeivizepräsident kurz in Haft genommen und kurz darauf entlassen. Doch Bernhard Weiß hatte sein Amt verloren. Nach der Machtübernahme der Nationalsozialisten konnte Weiß nur durch Flucht seine Verhaftung verhindern. Über Prag konnte Dr. Weiß mit einem tschechischen Pass in das Vereinigte Königreich entkommen. Als staatenloser Emigrant lebte dieser bis 1951 in London. Kurz vor seiner geplanten Rückreise nach Berlin, wo er sein früheres Amt wieder übernehmen wollte, verstarb Dr. Weiß an Krebs. Als stellvertretender Berliner Polizeichef wurde für die Hitlerjungen in den Zeltlagern zur Hassfigur des »Juden« stilisiert. Der Bund jüdischer Soldaten (RjF) in der Bundeswehr verleiht seit 2007 die Bernhard-Weiß-Medaille für Verständigung und Toleranz. Damit sollten Menschen geehrt werden, die couragiert gegen Fremdenfeindlichkeit und Antisemitismus auftreten.[273]

4.5.3 »Lagerleben« aus Sicht der Teilnehmer und Anwohner

In der ersten Zeit war das Verhältnis gut. Während des ersten Hochlandlagers bei Murnau setzen örtliche Geschäftsleute Werbeinserate in die zweite Lagerzeitung.[274] Allerdings stieß der Schriftzug »Wir sind zum Sterben für Deutschland geboren« stieß 16 Jahre nach Ende des Ersten Weltkrieges auf Skepsis bis Ablehnung. Die Kirchenfeindlichkeit der Hitlerjugend stieß auf Empörung. Es entstanden auch handfeste materielle Konflikte. Viele Flächen brachten nach der Nutzung durch das Zeltlager weniger Ertrag. Zwei Jahre später waren die von der Hitlerjugend als Kompensation für Flurschäden versprochenen Beträge immer noch nicht bezahlt worden. In einer Murnauer Gaststätte kam es deshalb 1936 zu einer Auseinandersetzung zwischen dem Aidlinger Bürgermeister Oppenrieder und dem Bannführer Sonderer.[275] Dennoch blieb das Verhältnis der HJ-Funktionäre zu einigen Dorfbewohnern gut: »Der Klein hat uns sogar nach Kriegsende besucht«[276].

Vollends zum Desaster geriet das Verhältnis zur Bevölkerung von Lenggries. Im Gendameriebericht wurde zu Beginn des Lagers festgehalten:

> *»Ausgesprochene Befürworter sind nur jene, die geschäftlichen Nutzen davon ziehen. Als Gegner dürfen die Landbesitzer in Frage kommen, wenn sie auch nicht öffentlich dagegen auftraten«*[277]

Einer der Profiteure war der NSDAP-Ortsgruppenleiter und Bürgermeister E., der einen Kiosk im Lagergelände eröffnet hatte.[278] In der Nacht vom 6. auf den 7. Juli 1935 sägten unbekannte Täter den Fahnenmast auf dem »Adolf-Hitler-Platz« um und beschädigten eine Brücke.[279] Angehörige des »Sicherheitsdienstes« im Lager, das waren SA-Männer, sorgten für den vollständigen Eklat: Die Männer schossen mit ihren Waffen auf die Fische in der Jachen. Nach dem Ende des Hochlandlagers schossen zwei SA-Männer auf einen Bauernjungen, den sie vorher angehalten hatten. Glücklicherweise blieb der Junge unverletzt. Anschließend sorgte der Kreisleiter dafür, dass der Vorfall nicht weiter verfolgt wurde. Am 8. September randalierten zwei betrunkene SA-Männer in der Gaststätte »Zum Altwirt«. Ein Hilfsarbeiter stieß einen der beiden SA-Männer »über die Treppe«. Der couragierte Mann wurde am folgenden Tag von anderen Mitgliedern des Streifendienstes am Arbeitsplatz in Bad Tölz verhaftet, ins leere Hochlandlager gebracht und dort »ziemlich stark mißhandelt«.[280]

Danach hatte die Führung des Hitlerjugend-Gebietes 19 bei der Bevölkerung jeden Kredit verspielt. Vor allem weil die Kosten für die ambulanten Kosten aus dem Ruder gelaufen waren, musste das Hitlerjugend-Gebiet 19 ein neues Lagergelände für die künftigen Hochlandlager suchen. Das Verhältnis der Hitlerjugend-Gebietsführung zur örtlichen Bevölkerung in Oberbayern blieb, gerade wegen der Kirchenfeindschaft innerhalb dieser NS-Organisation schwierig. Die Kirchenfeindschaft der Hitlerjugend-

Wir werden im Trockenen sitzen.

Bürgerssöhnchen oder Hitlerjunge?

Eine Betrachtung aus dem Hochlandlager. Von Gebietsführer E. Klein.

Artikel »Bürgerssöhnchen oder Hitlerjunge?« von Emil Klein.

Führer zeigt der folgende Vorfall, den ein früherer Hitlerjunge schildert. Im Frühsommer 1941 wurde die katholische Kirche besonders stark von der NSDAP angegriffen.

> *»Als ich im Sommer 1941 als Pimpf an einem Lehrgang der HJ-Führerschule in Weyarn teilnahm, erhielten wir den Befehl, während des gesamten Pfingsthochamtes um die Kirche zu marschieren und laut Marschlieder zu singen.«*[281]

Auch wenn die HJ-Funktionäre in der Endphase des Krieges gefürchtet waren, Respekt gab es für die HJ nicht. Eine Zeitzeugin aus Obersöchering erinnerte sich: »Meine Eltern haben zu meinen Brüdern gesagt: »Zur Hitlerjugend, da müsst ihr nicht hin!«[282] In der lokalen Bevölkerung herrschte – auch wenn der Nationalsozialismus sonst durchaus akzeptiert wurde – Desinteresse für die NS-Jugendbewegung. Daneben war es kein Geheimnis, dass die Bürokratie der Hitlerjugend eben nicht »schnell wie Windhunde«, sondern desinteressiert und umfassend unfähig war.

4.6 Ausbildung zum HJ-Führer

»Jugend führt Jugend« lautete der Grundsatz, den Adolf Hitler der Hitlerjugend gegeben hatte. Die Führer waren meist im gleichen Alter wie die »Geführten«. Die Befehlsstruktur der Hitlerjugend war streng hierarchisch und starr gegliedert. In der Hitlerjugend und anfangs im Deutschen Jungvolk[283] gab es vier Gruppen von Diensträngen: die Gemeinschaftsränge, die Führerschaft, das Führerkorps und das höhere Führerkorps. Mitglieder des Führerkorps, Bannführer und Jungbannführer – ebenso wie Gauführerinnen des BDM, besuchten 1936 und 1937 »Reichsführerlager« in Braunschweig und in Weimar. Während dieser Zeit lebten die jungen Funktionäre ebenfalls im Zelt.[284] Die »Ausbildungsordnung für das Führerkorps« wurde erst am 1. Februar 1938 erlassen. Nur der erste Jahrgang konnte am 20. April 1939 die einjährige Ausbildung an der »Reichsakademie für Jugendführung« in Braunschweig beginnen, aber wegen des deutschen Überfalles auf Polen nicht abschließen.[285]

Zuständig für die Führerschaft bis zum Gefolgschaftsführer waren die Personalabteilungen des betreffenden Gebiets. Lediglich die Besetzung der Führerränge und Stellungen bis zur Position des Gefolgschaftsführers konnten von den Personalstellen der Bannführungen vorgenommen werden.[286] Wichtiger als die Rangabzeichen waren die Dienststellungsschnüre: Sie zeigten die tatsächlich ausgeübte Tätigkeit an. Eine grüne Schnur am Hemd trugen die Führer einer Schar beziehungsweise eines Jungzugs (circa 40 Jungen).[287]

Führer der mittleren Ebene bis zum Unterbannführer erhielten ihre Ausbildung ab April 1933 in dreiwöchigen Ausbildungskursen: Die Führerschule »Josef Neumeier« wurde bereits im April 1933 in den Räumen des säkularisierten Klosters Weyarn eingerichtet, die von der Landeshauptstadt München gemietet worden waren. Die Leitung übernahm der Polizeileutnant Josef Remold, zuständig für die Geländeausbildung im Hochlandlager 1934.[288] Neben der »Kasperlmühle« im Mangfalltal, richtete man in einer früheren Gaststätte, dem »Lindenwirt« in Grünwald, eine weitere Führerschule ein.

Die Räumlichkeiten für alle Schulen verdankten die HJ-Funktionäre wiederum dem NSDAP-Reichsleiter und Oberbürgermeister von München, Karl Fiehler. Ende 1943 wurde eine weitere Gebietsführerschule in Urfeld am Walchensee eingerichtet. Dort übernahmen Heeresangehörige die militärische Ausbildung der HJ-Führer.[289] Uns liegt der Unterrichtsplan des Hochlandlagers 1938, eines »Führerlagers« vor. Grundsätzlich dürfte es kaum Abweichungen vom Ausbildungsplan der Gebietsführerschulen gegeben haben.

Im Unterricht hatte körperliche Leistungsfähigkeit absoluten Vorrang: 56 Wochenstunden umfassten Disziplinen der Leibeserziehung: Geländesport (24,5

Hitlerjunge (Gef. 2 Bann 26)

Rottenführer (Gef. 7 Bann 131)

Oberrotten-führer (Gef. 5 Bann 45)

Kamerad-schaftsführer (Gef. 1 Bann 32)

Oberkamerad-schaftsführer (Gef. 6 Bann 61)

Scharführer (Gef. 4 Bann 9)

Oberschar-führer (Gef. 12 Bann 57)

Gefolgschafts-führer (Gef. 5 Bann 118)

Verw.-Gefolg-schaftsführer

Obergefolg-schaftsführer (Gef. 2 Bann 83)

Schulterklappen für Dienstränge in der Hitlerjugend.

»Dienststellungsschnüre« wurden in der HJ von linken Schulterklappe beziehungsweise vom Knopf der linken Schulter (nur beim DJ) bis zum Knopf der linken Brusttasche getragen.

Stunden), Leibesübungen (21 Stunden) und Schießen (10,5 Stunden). Um Jungenschaftsführer, das heißt Führer einer Gruppe von zehn Pimpfen zu werden, mussten folgende Bedingungen erfüllt werden: Der mindestens zwölf Jahre alte Pimpf musste ein Jahr Mitglied des DJ gewesen sein und den Dienstrang eines Oberhordenführers bekleiden. Das DJ-Leistungsabzeichen musste er bestanden haben. Das waren drei Prüfungen: Leibesübungen, Fahrt und Lager sowie eine weltanschauliche Prüfung. Die Anforderungen mussten weder in Fahrt und Lager noch im Sport überragend sein. Ohne Vorgabe einer Strecke reichte es, wenn der Teilnehmer eine Runde auf dem Fahrrad fuhr.[290]

Das Erholungsheim »Kasperlmühle« bei Weyarn, Ansichtskarte 1933.

Am Reichssportwettkampf des letzten Jahres musste der Junge erfolgreich teilgenommen haben. Kenntnisse der »weltanschaulichen Schulung« waren daneben überaus wichtig. Mochten die Kandidaten in den anderen Disziplinen überragend sein – ohne Kenntnisse der »weltanschaulichen Schulung« galt die Prüfung als »nicht bestanden«. Rassenlehre und Bevölkerungslehre, deutsche Geschichte und Vorgeschichte im Hinblick auf das Bild des nordischen Menschen sowie politische Auslandskunde waren in »weltanschaulicher Schulung« die behandelten Themenbereiche. Deutsche Geschichte wurde stets als Heilsgeschichte mit dem Endpunkt der NS-Herrschaft gedeutet. Folgende Punkte mussten ein Kameradschafts- und ein Scharführer (Vorgesetzter von 40 Jungen) behandeln:

> *»Die Feiertage unseres Volkes – Das Leben unserer Vorfahren – Ererbte und erworbene Fähigkeiten – Götter und Helden – Kaiser und Papst (Heinrich IV. und Gregor VII.) – Reinerhaltung des Blutes – Die großen Führer unseres Volkes – Der Aufstieg Preußens – Der deutsche Ritterorden – Der Weltkrieg – Das Deutschtum im Ausland – Abgetrenntes Land – Der Lebensweg des Führers – Die Geschichte unserer Heimat – Deutschland und die Weltmächte«*[291]

Einen Grundsatz der hierfür notwendigen Methode erläuterte der Leiter der HJ-Reichsführerschule, Dr. Georg Usadel:

> *»Nicht jedes Ereignis ist daher erwähnt, sondern es wird nur insoweit berücksichtigt als es die Mehrung oder Minderung deutschen Blutes oder deutschen Bodens zeigt'…«*[292]

Arminius, der Cherusker, Andreas Hofer, Friedrich der Große und Fürst Bismarck bereiteten alle irgendwie die Herrschaft Adolf Hitlers vor. Fragen und Antworten erhielten die Einheitsführer in knapper Form in Mappen, deren Inhalt im Lager, aber auch in Heimabenden wiederholt wurde.

> *»Einst schrieb man Geschichte in verschlossenen Stuben, heute haben wir die heilige Verpflichtung übernommen, deutsche Geschichte zu lehren und zu predigen.«*[293]

Die Geschichtsauffassung der Hitlerjugend wurde antiintellektuell verkündet. Die Vorlagen für diese Geschichtsklitterung lieferten dennoch renommierte Geschichtswissenschaftler. Ein Beispiel: Prof. Dr. Helmut Berve, geboren 1896 in Breslau, leitete von 1943 bis 1945 das Institut für Alte Geschichte an der Ludwig-Maximilians-Universität in München. Bereist vor 1933 lobte Berve an der griechischen Polis Sparta die »freiwillige Unterordnung des Einzelnen unter den Staatswillen«. Der spartanische Geist sei gewachsen aus den »letzten zeitlosen Tiefen einer Volksseele heraus« und nicht durch kluge Gesetzgebung und Politik. Damit wurde der griechische Stadtstaat zum zeitlosen Vorbild des »nordischen Staates«. Berves Begrifflichkeit ist dem Arsenal der »Konservativen Revolution« der Weimarer Republik entnommen. Der Althistoriker wandte sich gegen »die übertriebene Pflege des Kranken, Abnormen und Lebensunwerten«, »Überfremdung« und »Zersetzung des deutschen Volkes und seiner Kultur«.[294] In »Wille und Macht« verfasste Berve einen Aufsatz, in dem er den »Reichsgedanken« vorstellte.[295] Der Antisemitismus war keine Erfindung der Nationalsozialisten. Als Vorlage diente der christliche Antijudaismus des Mittelalters und der frühen Neuzeit. Den pseudowissenschaftlich fundierten Antisemitismus schufen im späten 19. Jahrhundert Schriftsteller, wie Paul de Lagarde, Theodor Fritsch und Houston Steward Chamberlain, aber auch der deutsche Historiker Heinrich von Treitschke. In seinen Schriften vergötterte der Chefideologe der NSDAP Alfred Rosenberg die vermeintliche »arische Rasse« als Herrenrasse und warnte vor dem »Rassenchaos«.[296]

Allzu fundiert sollte die Führerausbildung nicht sein. Denn:

> *»Es ist jedoch darauf zu achten, daß der einzelne Führer nicht mit unnützen Kenntnissen belastet wird, sondern lediglich die Fertigkeiten erwirbt, die er zur Meisterung der ihm zustehenden Aufgaben braucht.«*[297]

Der Führer sollte demnach nicht zu viel wissen. Im Vorwort zu den Arbeitsrichtlinien der Hitlerjugend schrieb Arthur Axmann 1942: »Die nachstehenden Richtlinien sollten keine starre Vorschrift sein, sondern eine Festlegung des allgemeinen Falls ein Junge »besondere Begabungen und Befähigungen« zeigte, konnte er demnach auch mit Dienststellungen betraut werden, »die er altersmäßig gar nicht einnehmen« konnte. Das bedeutet, jeder konnte in diesem verwirrenden System der Dienstränge und Dienststellungen zum Führer avancieren. Vermutlich suchten HJ-Funktionäre zuweilen geeignete Führer für Führerstellungen aus. Das musste jedoch nicht sein.[298] Emil Klein nannte die im Grunde geringen Anforderungen, denen ein Führer genügen sollte: »[...] es reicht, wenn sie ihre Jungen zusammen halten können [...].«[299]

Diese Führer waren jedoch nicht ungefährlich: Die jungen Führer wurden nicht nur beauftragt, ihre Gruppenmitglieder auch außerhalb der Dienstzeiten zu lenken, sondern sich auch nach der politischen Einstellung der Eltern zu erkundigen.[300] Die detaillierten Anweisungen der Reichsjugendführung ließen kaum Platz für Kreativität oder jugendliche Spontaneität. Auf zwei Seiten schilderte »Pimpf im Dienst« die Regeln für den Ordnungsdienst, das Exerzieren.[301]

Als problematisch erwiesen sich Baldur von Schirachs Führungsstrukturen und herrschenden Prinzipien. Im Einklang mit nationalsozialistischen Führerschaftsprinzipien und zumeist im Gegensatz zur Praxis der Jugendbewegung der Weimarer Republik wurden die jugendlichen Führer niemals zur Verantwortung gezogen.[302] Die Verantwortung über andere Jugendliche wurde von den meist nur wenig älteren jugendlichen Führern als Aufwertung empfunden. Dieses Führerschaftsprinzip erschien sicher vielen Deutschen verlockend. Aber damit waren auch Inkompetenz, Missbrauch und Korruption Tür und Tor geöffnet.[303] Der Führer war eingesetzt worden ohne die Zustimmung der Gruppe und es galt der absolute Gehorsam. Ein wenig ambitionierter Führer konnte den angeordneten Dienst mit langweiligen Ordnungsübungen füllen. Er durfte ja nicht abgesetzt werden. Die Lehrgänge stellten offenbar auch keine großen Ansprüche an die Teilnehmer. Die Lehrgangsteilnehmer erhielten für gewöhnlich in den unteren Chargen keine Beurteilung, wie sich eine ältere Dame erinnerte:

> *»Man fragte uns, ob wir Lust haben, im Jungmädel zu bleiben. Das gefiel uns. Wir haben uns freiwillig gemeldet und besuchten 14 Tage einen Kurs in Greifenberg. Nach dem Kurs bekam keine Teilnehmerin eine Beurteilung zu Gesicht …«*[304]

Ab dem 1. Dezember 1936 wurde die Hitlerjugend zur Staatsjugend erklärt. Das bedeutete juristisch noch nicht die Dienstpflicht. Viele Zeitzeugen erinnern sich aber, diesen gesetzlichen Schritt als Verpflichtung empfunden zu haben.

Oberbannführerschule in Grünwald, 1934. Rechts der spätere K-Führer (Verwalter) des Hochlandlagers, Hans Hellmuth, links Gebietsführer Emil Klein.

Gesetz über die Hitlerjugend vom 1. Dezember 1936

§ 2

- *Die gesamte deutsche Jugend ist außer in Elternhaus und Schule in der Hitlerjugend körperlich, geistig und sittlich im Geiste des Nationalsozialismus zum Dienst am Volk und zur Volksgemeinschaft zu erziehen …*

Gesetz über die Hitlerjugend vom 1. Dezember 1936

§ 4

- *Die zur Durchführung und Ergänzung dieses Gesetzes erforderlichen Rechtsverordnungen und allgemeinen Verwaltungsvorschriften erläßt der Führer und Reichskanzler …*[305]

Die Lehrgänge konnten jederzeit, wie im Frühsommer 1941, während des sog. »Kruzifixstreites« unterbrochen werden, um den Gegner zu attackieren (siehe Bericht oben). Doch trotz der oberflächlichen Ausbildung genossen Fähnleinführer bei den Mitgliedern des Deutschen Jungvolks großen Respekt, wie ein Zeitzeuge berichtete:

> *»Ich bin im Nachbarort Seehausen am Staffelsee aufgewachsen. Ein Junge im Nachbarhaus hat mich dazu bewegt, mich dem Jungvolk anzuschließen. Er hatte mir erzählt: ›Dort ist immer was los!‹ Die Murnauer HJ und das Jungvolk mussten immer in der alten Knabenschule gegen zwei Uhr zum Appell antreten. Ich zog es an einem dieser Tage vor, ins Kino zu gehen. Die Wochenschau hatte begonnen, da ging das Licht wieder an. Der Vorhang ging auf und zwei Fähnleinführer standen da und holten vier Pimpfe aus dem Publikum zum Appell ab. Widerspruch war nicht möglich.«*[306]

Zweite Durchführungsverordnung vom 25. März 1939

§ 2 Dauer der Dienstpflicht

- (1) Der Dienst in der Hitlerjugend ist Ehrendienst am Deutschen Volk.
- (2) Alle Jugendlichen vom 10. bis zum vollendeten 18. Lebensjahr sind verpflichtet, in der Hitlerjugend Dienst zu tun.

§ 12 Strafbestimmungen

(2) Mit Gefängnis oder Geldstrafe oder mit einer dieser Strafen wird bestraft, wer böswillig einen Jugendlichen vom Dienst in der Hitlerjugend abhält, oder abzuhalten versucht.[307]

4.7 Organisation und Aufbau der Großlager

4.7.1 Finanzierung und Verwaltung

Das »Ideelle« habe im nationalsozialistischen Staat immer Vorrang vor dem »Finanziellen«, erklärte Gebietsführer Emil Klein dem Rat der Marktgemeinde Murnau.[308]

Nur sehr vage Angaben aus den Memoiren des Gebietsführers lassen erahnen, dass die Kosten immens waren. Aber der Gebietsführer verfügte über Beziehungen, die Finanzierung zu sichern. Für die Jugendarbeit in Bayern, so Klein, seien damals 20 000 RM verfügbar gewesen. Klein bezifferte die Kosten für das Hochlandlager in Murnau vage auf 350 000 RM bis 400 000 RM.[309] Der Gebietsführer erhielt seit der Gleichschaltung Bayerns – als zeitweiliger Adjutant Wagners – immer wieder Summen aus dem bayerischen Innenministerium.[310] Er gründete einen »Finanzausschuss«. Der Ehrenvorsitzende dieses Ausschusses, Gauleiter Adolf Wagner, sagte – nach Kleins Aussage – sofort 100 000 RM zu.[311] Mitglieder waren prominente Vertreter des NS-Staates: Landesobmann Deininger vom »Reichsnährstand«, der NS-Bauernvereinigung, Oberbürgermeister Karl Fiehler von München, der Treuhänder der Arbeit Kurt Frey, der Gauleiter von Schwaben Karl Wahl und der Präsident des Kreistags Christian Weber, die das Projekt mit Geld- und Sachleistungen förderten. Die Schirmherrschaft übernahm der Reichsjugendführer Baldur von Schirach.[312] Während des Hochlandlagers wurde vom NS-Stadtrat München ein Zuschuss von 20 000 RM beantragt und von NSDAP-Oberstadtschulrat Bauer gewährt.[313] Von den Eltern der Teilnehmer wurde eine Teilnahmegebühr erhoben, die zwischen 80 Pfennig und einer Reichsmark pro Tag lag. Aus Spenden der Eltern sollte die Teilnahmegebühr für diejenigen Teilnehmer finanziert werden, deren Eltern den Betrag nicht aufbringen konnten.[314] Mithilfe von Ärzten des HJ-Gebiets 19 und eines befreundeten Versicherungsfachmanns, die den Erholungswert des Zeltlagers nachgewiesen hatten, erlangte Klein Zuschüsse der Reichsberufsgenossenschaften und der Reichsversicherungskammer.[315] Auch die Nutzung des Beamtenhilfszugs, eines hochmodernen Fahrzeugparks mit mobilen Küchen, mobilen Operationssälen und einer mobilen Zahnarztpraxis, verdankte die HJ den Beziehungen zur Mutterpartei. Gotthold Dziewas (1900–1940), SA-Brigadeführer und ab 1933 Landesführer des Bayerischen Roten Kreuz, war Adjutant des Gauleiters Wagner und privat mit der BDM-Gauführerin Hilde Königsbauer liiert.[316] Leider gab Klein die Kosten für das Hochlandlager in Murnau nur vage mit 350 000 bis 400 000 Reichsmark an.[317] Das klingt schon wegen des Beamtenhilfszugs wahrscheinlich. Denn in Lenggries wurden »Magirus-Anhänge-Feldküchen« eingesetzt.

Für das Hochlandlager in Lenggries wurden 292 508,74 Reichsmark ausgegeben. Davon konnten 289 234,90 Reichsmark mit Einnahmen abgedeckt werden – ein defizitäres Unternehmen.[318] Für das erste »Führerlager« in Königsdorf mit deutlich weniger Teilnehmern wurden dennoch 229 329,72 Reichsmark aufgewendet.[319]

Als Teilgliederung der NSDAP wurde die Hitlerjugend erst ab 1935 von der Mutterpartei finanziert. Hier war der Reichsschatzmeister Franz Xaver Schwarz zuständig. Die Beträge reichten nicht einmal im ersten Jahr aus, da die Mitgliederzahl von 100 000 auf 2,3 Millionen anstieg. Die Finanzierung der HJ – das lag nicht zuletzt am großzügigen Umgang mit Geldern – blieb bis 1945 problematisch.[320] Dies gelang Klein (ab 1935 Obergebietsführer) durch Improvisation, Beziehungen und »Anpumpen« der unterschiedlichsten Organisationen. Leider liegen nur zu 1935 und 1937 vollständige Kostenaufstellungen vor.[321] Auch in den Folgejahren gingen die Kosten für die Lager trotz deutlich geringerer Teilnehmerzahlen kaum zurück. Große Gönner hatte das HJ-Gebiet 19 unter den NS-Prominenten in München: Oberbürgermeister Karl Fiehler erhielt für seinen Beitritt zum Finanzausschuss eine Lagerplakette.[322] Das NS-Stadtoberhaupt unterstützte auch in den Folgejahren die NS-Jugendorganisation. Fiehler ermöglichte dem HJ-Gebiet 19 »Hochland« den Kauf des Geländes an der Rothmühle aus dem Besitz der – von Fiehler selbst als Oberbürgermeister verwalteten – Landeshauptstadt München. Ein eigenhändiger Vertragsentwurf der Reichsjugendführung nennt Zahlen. Der Preis betrug demnach 48 000 Reichsmark, zahlbar in fünf gleichen Jahresraten.[323] In einem Brief des Reichskassenverwalters der Reichsjugendführung an den Reichsschatzwart

Die Begeisterung der Münchner NS-Stadträte für das Hochlandlager 1935 hatte offenbar nachgelassen. Fiehler forderte die Stadträte auf, das Hochlandlager 1935 in Lenggries / Jachenau zu besuchen. Die Mittel für das Hochlandlager bezeichnete das Stadtoberhaupt als »geringfügig« gegenüber den Mitteln, die für Errichtung und Unterhalt psychiatrischer Kliniken ausgegeben werden müssten. Fiehler machte seine Haltung zur »Euthanasie«, der Ermordung geistig behinderter Menschen, die erst vier Jahre später einsetzte, schon 1935 deutlich.

2334 I/35

München, ~~25.~~ 24. Juli 1935.

I. An sämtliche berufsmässige und ehrenamtliche Stadtratsmitglieder

Am 23. Juli 1935 habe ich ~~Herr Oberbürgermeister Fiehler hat~~ das Hochlandlager der H.J. besichtigt und den denkbar besten Eindruck gewonnen. Da die Stadt München Zuschüsse hierfür gibt und da auch in der Folgezeit von der Stadt erwartet wird, daß sie für die Ertüchtigung der Jugend entsprechende Mittel ausgibt, halte ich es für zweckmässig, wenn alle Mitglieder des Stadtrates einmal das Hochlandlager besichtigen.

Die Mittel, die hier für die Errichtung dieses Lagers aufgewendet werden, sind jedenfalls geringfügig gegenüber den Millionen-Beträgen, die für die Errichtung und Unterhaltung der Paläste für Schwachsinnige und sonstige Erbkranke und deren Versorgung ausgegeben werden.

Der Oberbürgermeister:

II. Wiedervorlage

III. Ablegen!
Fiehler

Stadtkanzlei: 25. Juli 1935 N.
gesch. am 27/7
versend. am 27/7

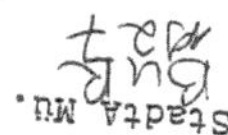

der NSDAP wird erwähnt, dass die jährlichen Zuschüsse der Stadt München »rund 30 000 bis 40 000 Reichsmark« betrugen.[324] Wenn dieser Vertragsentwurf angenommen wurde – was wahrscheinlich ist –, hätte die Hitlerjugend das Gelände außergewöhnlich günstig erhalten. Ob die Hitlerjugend das Gelände bezahlt hat, ließ sich nicht ermitteln. Im Grundbuch wurde jedenfalls die Mutterorganisation NSDAP als Eigentümer eingetragen.[325] Grundsätzlich waren die Kommunen zuständig für die finanzielle und materielle Ausstattung der NS-Jugendorganisation. Das HJ-Gebiet 19 informierte das Bezirksamt Weilheim im Juni 1939, dass infolge der erwarteten Dienstpflicht in der Hitlerjugend für den Bau von Unterkünften 18 000 RM und für den laufenden Dienstbetrieb 5 000 RM bereitzustellen seien. Nur ein Teil der geforderten Summe wurde entrichtet.[326] Geradezu dilettantisch verlief die HJ-Verwaltungsarbeit. Der Kampf um die Baugenehmigung eines HJ-Landheimes in Murnau: Eine Baracke für ein HJ-Landschulheim sollte 1940 laut Anweisung des HJ-Gebiets ohne baupolizeiliche Genehmigung errichtet werden.[327] Dies geschah wohl. Drei Jahre später verlangte das HJ-Gebiet 19, dass genau diese baupolizeiliche Genehmigung benötigt werde. Am 21. Januar 1944 wurde der Baubeginn dann (nachträglich) angezeigt.[328] Die Baracke steht heute noch in Murnau. In dem Gebäude befindet sich der Kindergarten »Bienenhaus«. Negativ auf das Ansehen wirkte sich sicher auch die schlechte Zahlungsmoral der HJ aus. Im Umfeld von Murnau beklagte sich zwei Jahre nach dem Hochlandlager der Bürgermeister von Aidling, dass die Flurschäden immer noch nicht beglichen waren.[329]

4.7.3 Beurteilung der Leistungen der Teilnehmer

> *»Jeder Jg.* [Jahrgang] *der am Hochlandlager teilnimmt, ist karteimäßig erfaßt, so daß es möglich ist, jederzeit festzustellen und den Besuchern Auskunft zu geben, in welcher Lagergefolgschaft sich der Junge befindet. Ferner wird jeder Jg. nach seinen Leistungen beurteilt, so über Führung, Dienstauffassung, Kameradschaftlichkeit, dann in Leibesübungen, Geländesport, weltanschauliche Schulung. Des weiteren erfolgt eine Gesamtbeurteilung des Jungen, ob er als Führer einer Einheit fähig, oder ob eine weitere Schulung nötig ist.«*[330]

Die Beurteilung der Leistungen konnte im Grunde ziemlich willkürlich ausfallen. Zum Abschluss der Lageraufenthalte wurden Leistungsprüfungen abgehalten, in denen die Teilnehmer der Ausbildungslehrgänge das DJ- oder HJ-Leistungsabzeichen erhalten konnten.[331] »Jeder von uns erhielt ein nummeriertes Hochlandlagerabzeichen« erzählte ein Lagerteilnehmer in Königsdorf 1936.[332]

4.7.3 Disziplin und Sanktionen

Im ersten Hochlandlager 1934 gab es noch kein Sanktionssystem.[333] Bereits in Lenggries richteten die HJ-Funktionäre ihr Augenmerk stärker auf die Disziplin. Erstmals wurde eine »Strafschar« eingerichtet, die unter besonderer Aufsicht stand. Interessant sind die Bedingungen. Jungen in der »Strafschar« durften keine Uniform tragen, das Lager nicht verlassen und keinen Besuch empfangen.[334] Die »Strafschar« lässt erkennen, dass die Disziplin auch erzwungen werden musste. In der Strafordnung wurden drei Kategorien von Verstößen angeführt: »Übertretungen der Lagerordnung«, das waren zum Beispiel Nachlässigkeit im Dienst und Rauchen; vorgesehen waren leichte Sanktionen wie Botengänge, die der Lagerinspektor verhängen durfte. »Verstöße gegen die Lagerordnung«, das waren: unerlaubtes Verlassen des Lagers, unkameradschaftliches Verhalten. Wiederholte Übertretungen führten zur Einweisung in die »Strafschar«, für mindestens einen, höchstens drei Tage. Die »Strafschar« unterstand dem Lagerinspektor und dort herrschten Uniform-, Besuchs- und Ausgangsverbot. Die Einweisung erfolgte durch den Lagerinspektor oder Lagerleiter. »Grobe Verstöße gegen die Lagerordnung und kriminelle Delikte« waren wiederholte schwere Verstöße oder Kameradendiebstahl. Diese Delikte konnten unter Umständen zum Ausschluss aus der HJ führen.[335] Verstöße dürften in dieser Zeit – wie Vitarí anmerkt – nicht zu häufig gewesen sein.[336] Über den Ausschluss mussten HJ-Richter befinden. Doch auch später griffen Funktionäre der Hitlerjugend – mit Blick auf die eigenen Defizite in der pädagogischen Arbeit – kaum zu diesem Mittel. Die Teilnahme an den Lagern war zudem freiwillig. Dennoch ließen sich Hitlerjungen, die damals bereits 16 Jahre alt und Lehrlinge waren, wohl kaum Angewohnheiten wie das Rauchen verbieten. Ein Blick auf die Sanktionen ist interessant. Das als Strafe angeführte »Uniformverbot« zeigt deutlich, wie gefürchtet der – wenn auch nur zeitweise – Ausschluss aus der Gemeinschaft gewesen sein muss.

4.8 Antisemitismus in der HJ

> *»Die Judenfrage wurde gesehen und behandelt im Sinne der Vermeidung der ›Biologischen Unterwanderung durch fremdes Erbgut‹(Eibl-Eibesfeldt), des ›Zurückdämmens des jüdischen Einflusses (Kultur, Medizin, Recht), als äußerste Konsequenz auf Rassentrennung gerichtet‹ (Lydia Ganzer). Die Möglichkeit einer leiblichen Vernichtung des jüdischen Volkes war unvorstellbar. Äußerungen von Haß gegenüber Juden oder Anstiftung dazu wird man im Schulungsmaterial der Hitlerjugend oder des Bundes Deutscher Mädel nicht finden. Der Reichsjugendführer verbot bereits 1933 der Jugend das Lesen der von Julius Streicher herausgegebenen antisemitischen Zeitschrift ›Der Stürmer‹* […].«[337]

Frau Rüdiger argumentierte 1983 weiterhin auf rassistischer Grundlage widerlegte im Grunde die eigene Behauptung, der Reichsjugendführers der Hitlerjugend verboten, das antisemitische Magazin »Der Stürmer« zu lesen. Mitglieder des Gebietes 19 hatten sich schon an der Boykott-Aktion gegen jüdische Geschäfte vom 7. April 1933 beteiligt. Nach der Verkündung der sog. »Nürnberger Rassegesetze« im September 1935 wurden die antisemitischen Schulungsinhalte der HJ aggressiver, konkreter und handlungsorientierter.[338] Im Vorfeld des zweiten Hochlandlagers in Lenggries 1935 wurden vom Vorkommando der HJ antisemitische Plakate aufgehängt.[339] Nach Kriegsende ließen sich HJ-Funktionäre oft von früheren Kollegen attestieren, sie hätten Juden in ihren Gruppen geduldet oder sogar für Juden eingesetzt. Herbert Lahr, einer der Oberjungbannführer im Hochlandlager, stieg auf zum HJ-Gebietsführer in Sachsen. Er fand eine Fürsprecherin in einer Nachbarin seiner Eltern in München-Obermenzing. Traudl F. erklärte, Herbert Lahr habe während des Judenprograms (sic!) in Leipzig erfolgreich versucht, die HJ aus allem herauszuhalten. Dass Lahr ihr diese Geschichte 1939 oder 1940 während eines Besuches in seinem Elternhaus erzählte und Traudl F. am 9. November 1938 gar nicht vor Ort in Leipzig war, störte das Vertrauen der Spruchkammermitglieder nicht. Eine wirkliche Entlastung klingt anders.[340] Die ehemalige Obergauführerin des BDM Hildegard Königsbauer-Dziewas, strich im Verhör heraus, sie habe Halbjüdinnen in ihren Gruppen geduldet. Der von den US-Truppen nach der Befreiung Pullachs eingesetzte Bürgermeister warnte dagegen den Leiter eines Internierungslagers, in dem die Ex-BDM-Führerin einsaß, dass Frau Königsbauer-Dziewas noch nach dem Einmarsch der US-Truppen für das NS-Regime geworben habe.[341] Ein klares Zeugnis für den extremen Antisemitismus in der HJ ist eine Anweisung zur »weltanschaulichen Schulung« in Bannausbildungslagern, veröffentlicht im Dezember 1944. Abstruse Verschwörungstheorien wurden aneinandergereiht. Hinter allen Kriegsgegnern des Großdeutschen Reiches stünde »der Jude«. Die Widersprüche zwischen den westlichen, liberal verfassten Demokratien mit ihrem kapitalistischen Wirtschaftssystem und der totalitär regierten kommunistischen Sowjetunion wurden ignoriert.[342] Natürlich wurde auch der Deutsche Überfall auf Polen verschwiegen. Nach allem, was hier zu sehen war, wird deutlich, dass die physische Vernichtung jüdischer Menschen für die HJ-Mitglieder keineswegs »unvorstellbar« war …«

4.9 Bilanz der Großzeltlager

Die hohe Zahl der Teilnehmer (6000 bis 8000), mehr noch der große Aufwand, sind bezeichnend für die Hochlandlager bis 1936. Die Entwicklung des NS-Regimes in Deutschland spiegelt sich in den Zeltlagern. Die ersten Großzeltlager wurden auf gepachtetem Boden abgehalten – die Versorgung im ersten Hochlandlager war überdimensioniert. Dagegen wurden im Vorfeld keine Vorkehrungen gegen ungünstige Witterungseinflüsse getroffen. Sportliche Übungen hatten eher noch spielerischen Charakter. Im ersten Hochlandlager 1934 stand der »Märtyrerkult« der sogenannten Kampfzeit im Mittelpunkt. Die »Volksgemeinschaft« und »Wehrgemeinschaft« war 1935 beherrschendes Thema. Die Wehrpflicht wurde in diesem Jahr wiedereingeführt und die Wehrmacht gehörte zu den Unterstützern. Ein Jahr später fand das letzte Massenlager 1936 auf eigenem Boden der Hitlerjugend statt. Nachdem die Wehrmacht bereits 1935 beteiligt war, wurde der gestiegene Einfluss der Militärs im Hochlandlager 1936 schon im Dienstplan für die 16- bis 18-jährigen Jungen – mit Sonderausbildung, darunter einer »Luftschutzübung« – erkennbar. Beendet wurden diese Großzeltlager stets mit einem »Lagerzirkus Holala«. »Gesunder Humor« bedeuteten seichte Unterhaltung, nach der die Jungen fröhlich und erholt wirkten. Der lokalen Bevölkerung boten die HJ-Funktionäre ein Feuerwerk. Die Teilnehmer der Münchner HJ legten an der Feldherrenhalle einen überdimensionalen Kranz ab.

Was im Hitlerjugend-Alltag langweilig wirkte und kaum Begeisterung weckte, wurde in den Zeltlagern in feierlichem und pompösem Rahmen – ohne Störungen durch Eltern oder Kritiker – präsentiert. In den großen Zeltlagern wurde versucht, neue Führer für die rasch wachsende NS-Jugendorganisation zu finden. Daneben erprobten Gebiets- und auch Reichsjugendführung neue Methoden der »Erziehung«, der bedingungslosen Ausrichtung für das totalitäre NS-Regime.

K-Führer Hans Hellmuth mit dem Obergebietsführer im Gelände um die Rothmühle.

5 »Führer«- und Mädellager 1937 bis 1942/1943

5.1 Eigenes Gelände für die Hitlerjugend – Das Gelände an der Rothmühle bei Königsdorf

Für das dritte Hochlandlager 1936 war die Gebietsführung gezwungen, eigenes Gelände zu suchen. Die Kosten für Flurschäden waren erheblich und die Hitlerjugend beglich wohl manche Rechnungen nicht (siehe Finanzierung). Außerdem mussten die Lager jeweils mit Wasser und Strom versorgt werden. Im Vorjahr hatte sich die Gebietsführung gerade in Lenggries unmöglich gemacht. Die HJ-Gebietsführung suchte bereits seit 1934/35 eigenes Gelände. Klein schrieb 1935, der Münchner Stadtrat Otto Fuhrmann habe ihm den Rat gegeben, mal bei der Stadt »anzuklopfen«. Klein wandte sich an den Münchner Oberbürgermeister.[343] NS-Oberbürgermeister Karl Fiehler, der bereits die Hochlandlager 1934 und 1935 unterstützt hatte, nutzte gleichzeitig die Kompetenzen seines kommunalen und seines Parteiamtes. Der NSDAP-Reichsleiter ermöglichte der Partei, eine Liegenschaft aus dem Immobilienbestand, der von ihm als Oberbürgermeister verwaltet wurde, kostengünstig zu erwerben. Die Lösung bot ein idyllischer Streifen an der Isar, bei Osterhofen gelegen. Im Gelände um die Obere und die Untere Rothmühle bestand bis 1907 ein Gewerbegebiet. Um die Jahrhundertwende plante die Landeshauptstadt die Erschließung neuer Einzugsgebiete für die Trinkwasserversorgung. Am 16. Oktober 1907 erwarb die Stadt München das Gelände sowie das Fischrecht am Rohrbach. Die Gewerbebetriebe, das waren unter anderem ein Sägewerk, ein Walkwerk, ein Ölstampfwerk und eine Flößerei, stellten ihren Berieb ein. Die Bauernhöfe wurden weiter bewirtschaftet.[344]

Weitere Zukäufe tätigte die NSDAP in den Folgejahren. Da das Gebiet der Unteren Rothmühle zur Gemeinde Unterfischbach und damit zum Bezirk Tölz gehörte, gemeindete man das Areal in die Gemeinde Osterhofen ein.[345] Die Zukäufe stießen jedoch auch auf Widerstand. Auf der »Gorisleiten« sollte eine Gebietsführerschule gebaut werden. Als Flächen im Norden zugekauft werden sollten, wehrten sich Landrat und Bauernschaft dagegen. Es lag wohl am kriegsbedingten Arbeitskräftemangel: Die Gebietsführerschule auf der »Gorisleiten« wurde jedenfalls nie gebaut.[346]

Das Gelände an der Rothmühle sollte als endgültiger Standort im größeren Maßstab umgestaltet werden. Bereits im Mai 1936 kündigte ein Artikel im »Wolfratshauser Tagblatt« an, dass, anders als in den Vorjahren, die Gebietsführung nicht mehr nur improvisieren wollte. Die anstehenden Bauarbeiten verrichteten Hitlerjungen, aber auch ortsansässige Handwerker. Das Bauensemble glich dem der Vorjahre: Die Straßen erhielten die gewohnten Namen, es wurde ein Thingplatz abgesteckt und es gab auch einen »Adolf-Hitler-Platz«. Für die Lagerleitung wurde ein etwa 300 Jahre altes und fast zerfallenes Bauernhaus, die Obere Rothmühle, zum »Kameradschaftshaus« umgebaut. Dort sollten die zahlreichen Abteilungen der Lagerleitung und Verwaltung, vor allen »Wetterunbillen« geschützt, arbeiten können. In diesem Haus wohnte fortan auch der Lagerleiter. Für die Versorgung mit Lebensmitteln ließ die Gebietsführung einen Küchenbau errichten. In dem circa 70 Meter langen Bau der »Verpflegungsstation« sollten 24 Feldküchen, zwei große Teekessel und ein Backofen bereitstehen. Acht Jungen sollten eine der mobilen Feldküchen zu ihrer Gefolgschaft ziehen. Für den Transport des Morgenkaffees und des Abendessens dienten weiter die bewährten Zweiradkarren.[347] Für jugendliche Gäste des Hochlandlagers »aus aller Welt« sollte eine Zelt-Jugendherberge bereitstehen. Drei Versammlungszelte, das »Karl-Wahl-Zelt«, das »Adolf-Wagner-Zelt« und das »Baldur-von-Schirach-Zelt« boten künftig Schutz vor schlechtem Wetter.[348] Angehörige der Marine-HJ sollten im Rothbach und auf der Isar üben. Am Lagereingang befand sich eine Gaststätte. An den Zugängen wurden Torbauten errichtet.[349] Dort bot man vermutlich ab 1939 den Hitlerjungen Segelflugunterricht an.[350] Die Gesundheitsfürsorge spielte weiter eine große Rolle. Ein Lazarett sowie eine Zahnstation standen bereit. Eine neue Sanitätsbaracke mit Behandlungsräumen, zwei Krankensälen, einem Ambulatorium für Zahnbehandlung sowie drei Inspektionssanitätszelte standen für Notfälle bereit.[351] Eine Telefonanlage mit 24 Sprechstellen ermöglichte die Kommunikation.[352] In einer Baracke wurde ein Postamt eingerichtet.[353] Im Mai 1937 bemühte sich die Gebietsführung sogleich um ein »Betretverbot« für das Lagergelände.[354] Mit Erfolg: Das Bezirksamt Wolfratshausen verhängte das polizeiliche Verbot im Oktober 1937.[355] Auf der »Gorisleiten« wurde nur für kurze Zeit ein Segelfluggelände eingerichtet.[356]

5.2 »Führerlager« 1937 bis 1943

> *»Nach mühevollen Vorbereitungen gelangen die Bannlager der HJ des Gebietes Hochland zum erstenmal zur Durchführung. Nachdem das Hochlandlager bei Königsdorf der Führerschaft des Gebietes vorbehalten bleibt, werden die Jungen der Banne jetzt in den 48 HJ-Lagern der 14 Lagerplätze des Gebietes erfaßt. Auf diese Weise läßt es sich ermöglichen, in diesem Jahre 23 000 Jungen im Lager unterzubringen, gegen nur etwa 6000 Jungen, die in den letzten Jahren ein Zeltlager beziehen konnten.«*[357]

Führer und Mannschaften sollten künftig getrennt die Zeltlager erleben. Es geht auch um mehr Teilnehmer: an 48 HJ-Lagern können pro Jahr 23 000 Jungen statt nur 6000 teilnehmen. Das war nun eine ganz andere Dimension als in den ersten Jahren. Jeder Junge sollte mindestens einmal in zwei Jahren ein solches Lager erleben.[358]

Autoaufkleber für die Durchfahrt ins Lagergelände, Führerlager 1938.

»Gorisleiten« als Segelflugplatz für kurze Zeit – wegen der schlechten Thermik nutzte nur die Modellfliegergruppe des Deutschen Jungvolks den Platz für Modellflüge.

»Das Lager hat den Zweck, die Führer innerhalb des Gebietes zu überprüfen und sie körperlich und geistig für die weitere Arbeit in ihren Formationenauszurichten. Mit dem Besuch des Führerlagers erfüllt der Einheitsführer die ihm vom Obergebietsführer gestellte Pflicht, sich jährlich einmal einem dreiwöchigen Lehrgang zu unterziehen.«[359]

Das Hochlandlager im Jubiläumsjahr 1938 wurde vom Gebiet anders kommentiert. »Freizeit« und »Erholung« standen jetzt definitiv nicht mehr im Vordergrund – jetzt genoss die Ausbildung der Unterführer Priorität. Obwohl Einberufungen verschickt worden waren, stritten alle Zeitzeugen in ein so ein Führerlager einberufen worden zu sein. Vermutlich ähnelten sich Mannschafts- und Führerlager stark und Zweck war es, die Jungen möglichst oft in den Lagern mit NS-Ideologieversatzstücken zu indoktrinieren.

Im Hochlandlager fanden nun sogenannte Führerlager statt. In 21-tägigen Kursen wurden Jungenschafts-, Jungzug- sowie Kameradschafts- und Scharführer ausgebildet. Daneben wurden Sonderlehrgänge für »Singeleiter« [Anm. d. Verfassers: Chorleiter], HJ-Redner und Schulungsleiter abgehalten. Am sommerlichen Zeltlager nahmen fortan 1800 bis 2400 HJ-Führer teil.

Zum Hochlandlager 1938 (8. bis 29. August) liegt eine Anweisung für die Teilnehmer vor: Alle Führer, die bisher keine Führerschule oder ein »Führerlager« besucht hatten, sollten teilnehmen. Als »Unterführer« im Hochlandlager wurden nur Führer eingeteilt, die bereits eine Führerschule besucht hatten. Teilnehmer, die bereits im Vorjahr die Berechtigung zum Führen von Einheiten im Führerlager erhalten hatten, sollten das »Hochlandlager-Abzeichen« in Silber erhalten.

Ein Blick in die Ausführungsbestimmungen zeigt, wie groß das Feld der potenziellen Teilnehmer war: Nach Art. 2 sollten »Führer, die bislang weder eine Gebietsführerschule, noch ein Hochlandlager [Führerlager] mitgemacht haben«[360], teilnehmen. Ausdrücklich wurde aber in Art. 4 der Ausführungsbestimmungen darauf hingewiesen, »daß nicht nur die Führer einberufen werden, die bereits Gebietsführerschule oder Hochlandlager [oder Bannlager], das waren ›Mannschaftslager‹ besucht haben«.[361] Das bedeutet, jeder Hitlerjunge, der am Hochlandlager teilgenommen hatte, konnte Führer werden und eine Mannschaft im Gebiet Hochland führen. Die dort erworbenen »Kenntnisse« sollte er an seine Mannschaft weitergeben. Nach zwei Jahren sollte der Unterführer selbst wieder ins Lager zurückkehren, um seinen »Ausbildungstand« zu vertiefen.

Die Unterführer in den Einheiten hatten ihrerseits geeignete Teilnehmer zu erfassen. Dazu musste die Einwilligung der Väter eingeholt, die Lagertauglichkeit ärztlich untersucht werden und die Daten der Krankenversicherung eingeholt werden.

Die Fähnlein- und Gefolgschaftsführer hatten diese Daten der unterstellten Führer zusammen mit der eigenen Anmeldung bis zum 23. Juni 1938 an die Geschäftsstelle des zuständigen Banns weiterzureichen.[362] Die einberufenen Jungen erhielten dann Gestellungsbefehle. Diese Dokumente verschafften den Jungen eine Ermäßigung der Bahnfahrt in Höhe von 50 Prozent.[363] Daneben schuf die Ausgabe solcher Dokumente eine Atmosphäre, die dem Militär glich.

Folgende Ausbildungsinhalte wurden vermittelt:

- Weltanschauliche Schulung
- Kulturelle Erziehung
- Leibesübungen.[364]

Die Ausbildung insgesamt war stärker an militärischen Bedürfnissen orientiert: Mitglieder der Hitlerjugend, das waren Jungen ab 15 Jahren, erhielten Unterricht im Kleinkaliberschießen.[365]

Die Jungzugführer-Aspiranten lernten unter anderem auch, die Familien ihrer zehn bis 15 Jungen genau zu beobachten und Mitteilungen zu machen:

> »[…] *Aufgabe 6: Arbeit in den Familien. Der Jungenschaftsführer muß über die wirtschaftliche Lage jedes einzelnen Jungen Bescheid wissen. Diese Kenntnisse eignet er sich durch eigene Beobachtung, nicht aber durch Ausfragen anderer an. Außerdem muß er die sonstigen sozialen Verhältnisse (Zahl der Kinder, schlechte Wohnung, Krankheitsfälle) kennen. Durch Aussprachen mit den Eltern kann deren Einstellung und Gesinnung ermittelt werden. Über all diese Dinge muß ein guter Jungenschaftsführer Auskunft geben können, da es unmöglich ist, daß der Jungzugführer dies bei 40 Jungen im Kopf hat.*«[366]

Dieser Appell wurde in Deutschland kaum befolgt. Aber die Anweisungen wurden an die jungen Führer weitergegeben.

Das Gelände an der Rothmühle diente auch als Treffpunkt für andere HJ-Aktivitäten. So versammelten sich die Teilnehmer des »Adolf-Hitler-Marsches« drei Tage vor ihrem Aufbruch nach Nürnberg.[367] Im Internet ist ein Ausschnitt aus dem Propagandafilm zu sehen.[368] Mit Wirkung vom 15. April 1939 wurde das HJ-Gebiet 19 geteilt. Künftig betreute ein eigenes HJ-Gebiet Schwaben, den Bereich des NSDAP-Gaus Schwaben.[369]

Die Zusammenarbeit zwischen Wehrmacht und Reichsjugendführung wurde enger. Zum ersten zentralen Verbindungsoffizier des Oberkommandos der Wehrmacht bei der Reichsjugendführung wurde Erwin Rommel ernannt. Als Hitler 1938 die Sudetenkrise provoziert hatte, reagierte die Reichsjugendführung, eingeweiht in die Expansionspläne, mit dem »Befehl 1 für die Wehrerziehung der 17- bis 18-Jährigen im Kriegsfall«.[370] Diese Jungendlichen sollten forciert auf den Wehrdienst vorbereitet

Schießausbildung auch im Bannlager Lautersee bei Mittenwald 1937.

Motor-HJ bei einem Übungsrennen 1939.

Teilnehmer am Führerlager 1939.

werden. Mitte August 1938 berichtete das »Wolfratshauser Tagblatt« über den »Erlaß zur Wehrerziehung der HJ«.[371] Das stellvertretende Generalkommando des 7. Armeekorps in München lobte am 12. April 1941 ausdrücklich die besondere Bedeutung der »Wehrertüchtigung der HJ in Kriegszeiten«.[372] Das letzte Hochlandlager im Frieden fand vom 10. bis 26. August 1939 statt.[373] Der Inhalt eines Zeltlagerdienstplans 1941 ist voll und ganz auf die Bedürfnisse der Wehrmacht abgestimmt.[374]

Die sommerlichen Führerlager an der Rothmühle fanden – neben den ab 1942 abgehaltenen »Wehrertüchtigungslagern« – weiter statt. Seit 1939 leitete Oberbannführer Thomas Stöckl – zumindest zeitweise – das Hochlandlager.[375] Am 21. August 1939 berichtete der »Völkische Beobachter« über eine weitere Luftschutzübung. Erstmals unterstützte ein echtes Kampfgeschwader der Luftwaffe die Übung.[376] Die alljährlichen sommerlichen »Führerlager« sind in Königsdorf bis 1944 nachweisbar.[377] Die Bannlager für die »Mannschaften« verliefen ähnlich. Im Bannlager Lautersee, dem Bannlager des Banns 26, »Werdenfels« besaß die vormilitärische Ausbildung ebenfalls Priorität.

5.3 Mädellager

Ab 1928 existierte in München eine BDM-Gruppe. Im Herbst 1930 bestanden die »Jungschar« für 8- bis 13-jährige Mädchen und die »Madchengruppe« für 13- bis 22-jährige Mädchen. Die Eingliederung der seit 1924 in München bestehenden Schülerinnenorganisation »Deutscher Mädelring« brachte 1931 weiteren Zuwachs.[378] Im Juni 1934 veranstaltete die BDM-Gauführung des Gebiets 19 bereits eine Tagung auf der Insel Buchau im Staffelsee. Die Gauführerin Hilde Königsbauer beklagte damals das tatsächlich geringe Interesse der Mädchen in den ländlichen Gebieten am BDM.[379] Tatsächlich betrug die Zahl der BDM-Mädchen nur etwa ein Viertel der Gesamtjahrgänge.[380]

Ein Jahr später veranstalte der BDM-Obergau München-Oberbayern zwölf Ferien-, Freizeit- und Schulungslager für Mädchen. Eines der schönsten befand sich wiederum auf der Insel Buchau im Staffelsee. Die gesamte Insel wurde umgebaut, ein Thinglatz und Lagertore sowie Zelte mit Namen wie »Spatzennest«, »Zwinger« oder »Mausefalle« wurden errichtet. Die Lagergemeinschaften bezeichneten sich als »Friesen« und »Ostgoten«. Der Lageralltag ähnelte den Lagern für Jungen: Appelle, Frühsport und jede Menge Ideologie.[381]

Die BDM-Referentin Hilde Dziewas-Königsbauer besuchte in Begleitung einer Gruppe von Mädchen aus England dann auch die Eröffnungsfeier des Hochlandlagers 1936.[382]

Das erste Hochlandlager für Führerinnen wurde im Juni 1937 in Königsdorf, in zwei Blöcken mit je 800 Mädchen abgehalten. Die Inszenierung war prächtig: Die Teilnehmerinnen aus den Gauen München, Oberbayern und Schwaben marschierten aus unterschiedlichen Richtungen in das Lager ein. Eine Gruppe aus Österreich besuchte das Lager »illegal«.

> *»Ein Lager mit dem Grundsatz ›Ehrlich sein‹ wird wohl jeder als eine Stätte guter Jugenderziehung anerkennen.«*[383]

Mit diesen Worten würdigte das »Wolfratshauser Tagblatt« die Eröffnung des ersten Mädellagers an der Rothmühle. Die Ziele ähnelten denen der Jungenlager in einem wichtigen Punkt.

> *»Die Mädel lernen sich unterordnen, den Willen der Gemeinschaft dem eigenen voranzustellen. Sie leben in dieser Lagergemeinschaft und später in Dienst und Alltag den Sinn des deutschen Frauentums vor, als deutsche Frau und Mutter vollwertig in der Familie zu stehen, aber auch darüber hinaus ins Volk zu treten.«*[384]

Zur feierlichen Eröffnung waren Vertreter der NS-Frauenschaft, des NS-Frauenwerkes, des RAD (Reichs-Arbeitsdienst), des NSKK, des Heeres und der Luftwaffe anwesend. Umrahmt wurde die Zeremonie von einem Mädchen-Streichorchester. Insgesamt war das Erscheinungsbild des BDM allerdings weniger militärisch. Die Lagerbanne hießen nun Lagergaue und führten Namen wie »Froschkönig«, »Schlaraffenland« oder »Freude und Zucht«. Feldschere, Sanitäter, das waren »Gesundheitsmädel«. Was erwartete die Mädchen? Eine Teilnehmerin hat den Aufenthalt im Hochlandlager 1942 in angenehmer Erinnerung.

> *»Ich bin damals mit einer Freundin ins Hochlandlager gekommen. Ich möchte bemerken, dass es ein Ferien- und kein Führerausbildungslager war. Buben waren keine im Lager. Das Lager war auch nicht eingezäunt. Die Zeit war schön. Wir haben in Hauszelten geschlafen. Innen gab es Stockbetten mit zwei Etagen und Bretterboden. Immer ein Zelt hatte ›Weckdienst‹. Die Mädchen aus diesem Zelt weckten die anderen Mädchen in den anderen Zelten mit einem ›Morgenlied‹. Während des Lageraufenthaltes gab es Sportangebote. Natürlich Gymnastik und Leichtathletik. Daneben gab es Ballspiele, wie Faustball* [Anm. d. Verfassers: ähnlich dem heute üblichen Volleyball], *Daneben haben wir Volkstänze geübt. Dabei mussten wir keine Uniform tragen. Einstudiert wurde nichts! Beim Fanderl Wastl, der lebte damals auf, in oder direkt neben dem Hochlandlager, haben wir Singstunden gehabt.«*[385]

Der Tag begann nicht mit Fanfaren, sondern den Liedern der Mädel, die zum Weckdienst eingeteilt waren. Für die älteren BDM-Mädchen standen 1937 Gymnastik, Leichtathletik, Bewegungslehre und Bodenturnen auf dem Plan.[386] Das war neu und für viele Mädchen ein schönes Erlebnis. Die Mädchen unterhielten auch Theaterspielscharen, die vornehmlich Märchen in Theaterstücken einübten. Auch die Mädellager endeten mit einem Lagerzirkus.[387]

BDM-Mädchen beim Volkstanz in Königsdorf 1937 oder 1938.

Leibesübungen der BDM-Mädchen in Königsdorf 1937, im Hintergrund ein »Hauszelt«.

Märchenfiguren ersetzen nüchterne »Lagerbanne«, Königsdorf 1937.

Fahnenappell der BDM-Mädchen, Königsdorf 1937.

Fanderl Wastl beim Musizieren mit BDM-Mädchen in Königsdorf.

Lagerorchester der BDM-Mädchen, Königsdorf 1937.

Von 1937 an durften die Mädchen aus gesundheitlichen Gründen nicht mehr in Zelten schlafen, sondern mussten in Jugendherbergen nächtigen. Wegen der festen Einrichtungen im Hochlandlager durften die Mädchen jedoch in »Hauszelten« schlafen.[388] Das Mädellager im Juli 1938 – abgehalten in zwei Lagerblöcken – stand unter dem Gedanken »Großdeutschland«. Die Ordnung war auch bei den Mädchen militärisch: Wie bei den Jungen gab es Flaggenappelle und Morgenfeiern. Eine »Zeltälteste« war für die Ordnung im Zelt verantwortlich. Mädchen wurden eingeteilt, um Frühstück, Mittagessen und Abendessen von den Küchen zu holen.

Ein Blick in die Vorschriften zeigt ein differenzierteres Bild. In den Arbeitsrichtlinien der HJ für »Mädelführerinnenanwärterinnen« werden die Aufgaben genannt. Darunter auch die »Durcharbeitung des monatlichen Schulungsdienstes«. Dem folgt ein Artikel zur »Überwindung von Versailles«.[389]

Zwar sollten junge Mädchen einen Beruf lernen. Sportübungen fanden – anders als in katholischen Mädchenorganisationen – in praktischer Bekleidung statt. Doch was an Emanzipation der Frauen erinnert, täuscht. Sportliche Mädchen sollten in erster Linie in der Lage sein, »rassisch gesunden« Nachwuchs zu gebären. Antisemitismus war – so zumindest Dagmar Reese – nicht überall in gleich intensivem Maß Teil der Ausbildung.[390] Aber der BDM legte zweifelsohne gesteigerten Wert auf ein rassistisches Weltbild. Die Mädchen lasen nicht nur in der berüchtigten »Nordischen Rassefibel«. Die Ideologie war im BDM stets präsent.[391]

Die Gestaltung der Mädellager sollte speziell Mädchen ansprechen, doch auch sie sollten in erster Linie für das Kollektiv erzogen werden. Schon 1937 mussten die BDM-Mädchen kostenlos »Landdienst« leisten. Während der Kriegsjahre kamen Mädchen als kostenlose Arbeitskräfte in der Industrie zum Einsatz. BDM-Mädchen betreuten evakuierte Kinder im Rahmen der Kinderlandverschickung und verwundete Wehrmachtssoldaten in Lazaretten. Schließlich, gegen Kriegsende, kamen BDM-Mädchen sogar als Flakhelferinnen zum Einsatz.[392]

5.4 Totale Erfassung – Widerstand

Baldur von Schirach bemühte sich weiter um die totale Erfassung der Jugendlichen. Im Dezember 1936 wurde die Hitlerjugend per Gesetz zur »Staatsjugend«. Damit oblag der Hitlerjugend die Erziehung der Jugendlichen außerhalb von Elternhaus und Schule. Viele Zeitzeugen betrachteten dies – zu Unrecht – bereits als Verpflichtung zum Beitritt. Die gesetzliche »Dienstpflicht« kam drei Jähre später: Im September 1939 lag mit § 4 die Voraussetzung für die Jugenddienstpflicht vor.[393]

Ungeachtet des gesteigerten Aktionismus der HJ sank ihre Attraktivität. Gleichzeitig stieg die Beanspruchung: Hitlerjungen mussten ab 1943 als Flakhelfer dienen

BDM-Mitglieder mit »Nordischer Rassefibel« in Königsdorf 1937.

Informiert über das Terror-System. Führende BDM-Mitglieder im Konzentrationslager Dachau am 8. Mai 1936.

und die Gymnasialzeit in Bayern wurde aus diesem Grund von acht auf fünf Jahre verkürzt.[394] Überbeanspruchung, aber in erster Linie die totale Erfassung weckten Verweigerung und in Einzelfällen sogar Widerstand.

In Bayern wurden besonders katholische Gruppen weiter bedrängt. 1938 erging ein Uniformverbot für konfessionelle Jugendorganisationen.[395] Die Tätigkeit wurde im Untergrund fortgesetzt. Die HJ-Führung im Gebiet Hochland – das geht aus dem Brief des katholischen Jungmännerbundes München an Kardinal Michael Faulhaber hervor – beklagte sich, dass die Handwerkskammer Oberbayern festgelegt habe, keine Lehrstellen mehr an Nicht-Mitglieder der HJ zu vergeben.[396]

Ein »politisches Programm« verfolgten die wenigsten jugendlichen NS-Gegner. Oft waren die Grenzen zur Kleinkriminalität fließend. In Hamburg, München und anderen Städten bildeten sich Banden von Jugendlichen aus dem Arbeitermilieu, die nicht nur häufig der HJ nicht beitraten oder die Termine schwänzten. Auf die Razzien des HJ-Streifendienstes (SRD) reagierten die Mitglieder mit Sabotageakten und Diebstählen.[397] Auch im ländlichen Milieu Oberbayerns kam es zu gewalttätigen Übergriffen von Gegnern. In der Nacht vom 12. auf den 13. Januar 1935 verübten unbekannte Täter einen Brandanschlag auf das HJ-Heim in Kolbermoor.[398]

Der später wegen seiner Beteiligung an den Flugblättern der Weißen Rose hingerichtete Hans Scholl – anfangs begeistertes Mitglied der HJ – wandte sich 1935 enttäuscht von der NS-Jugendorganisation ab. 1937 schloss er sich der »d.j.1.11«, (Deutsche Jungenschaft, gegründet am 1. November 1929) an. Diesen jungenschaftlich geführten Bund gründete der damals bereits im Exil lebende Eberhard Koebel. Die Mitglieder gingen auf Fahrt, übernachteten in der »Kothe«, einer Zeltform der Lappen, und begeisterten sich für russisches Liedgut. Da Zusammenkünfte dieser Gruppe verboten waren, wurde Hans Scholl Ende 1937 verhaftet.[399] In vielen deutschen Städten wurden nach 1938 die sogenannten Edelweißpiraten aktiv. Skihemden, Wanderschuhe, Halstuch und kurze Lederhosen kennzeichneten junge Menschen, die in gemischt-geschlechtlichen Gruppen auf Fahrt gingen und die Hitlerjugend ablehnten. Immer verfolgt von jugendlichen Angehörigen des »HJ-Streifendienstes«, entzogen sich diese jungen Menschen der Erfassung.[400] Widerstand war ja bereits der Ausbruch aus der totalen Erfassung. Junge Menschen, die damals einen Lebensstil pflegten, der dem der westlichen-liberalen Demokratien glich, gehörten damals der sogenannten Swing-Jugend an. Die jungen Männer und Frauen aus dem großbürgerlichen Milieu Hamburgs trugen elegante Kleidung, hörten Swing-Schallplatten, pflegten demonstrativ Kontakt zu »Nicht-Ariern« und machten sich über das NS-Regime lustig.[401] Dem begegnete der Reichsführer-SS Heinrich Himmler mit der Forderung nach drakonischen Strafen.

> *»Alle Rädelsführer, und zwar die Rädelsführer männlicher und weiblicher Art, unter den Lehrern diejenigen, die feindlich eingestellt sind und die Swing-Ju-*

Ödön von Horvath, 1919.

gend unterstützten, sind in ein Konzentrationslager einzuweisen. Dort muß die Jugend erst einmal Prügel bekommen und dann in schärfster exerziert und zur Arbeit angehalten werden.«[402]

Dem NS-Staat und besonders der ideologischen Verhetzung Jugendlicher widersetzte sich auch auch der aus Ungarn stammende Autor Ödön von Horváth (1901–1938), der vor 1933 in Murnau lebte. Den Schriftsteller zählten die deutschen Behörden 1934 bereits zu den Emigranten. Obwohl er bereits in Österreich im Exil lebte, kehrte Horváth manchmal heimlich nach Murnau zurück. Auf Grundlage der in Murnau gesammelten Eindrücke und Materialien verfasste Horváth 1937 in Henndorf bei Salzburg den Roman »Jugend ohne Gott«. Der Aufenthalt einer Schulklasse in einem Zeltlager – als Anregung diente das erste Hochlandlager 1934 – zeigt die Erziehung der Jugend zum Krieg. Erwachsene Mitläufer ermöglichen erst die Erziehung der Jugendlichen zur Verleugnung des Individuums und Verherrlichung des Militärs. In der Schule werden blinder Gehorsam und Rassenhass vermittelt. Bei Geländeübungen und Lagerfeuerromantik lernen sie das Kriegshandwerk und werden zu willenlosen Mitläufern des faschistischen Staates gemacht.[403]

6 Hitlerjugend im Krieg

6.1 »Wehrertüchtigungslager«

Die Annäherung der Hitlerjugend an die Wehrmacht wurde immer enger. Ein wesentlicher Teil der Ausbildung beschäftigte sich mit Waffenkunde und der Theorie des Schießens. Daneben wurden im Unterricht SS und Wehrmacht behandelt. Die bekannten Elemente der »weltanschaulichen Schulung« verschwanden zwar nicht, traten jedoch deutlich in den Hintergrund.[404] Die Einrichtung der »Wehrertüchtigungslager« stellte auf jeden Fall keine Zäsur dar. Hitler veranlasste 1942 per Gesetz die Einrichtung von »Wehrertüchtigungslagern« für die ältesten Jahrgänge der Hitlerjugend. Alle 17- bis 18-jährigen Hitlerjungen sollten eine dreiwöchige vormilitärische Ausbildung erhalten. Die Organisation der »Wehrertüchtigungslager« sollten HJ-Führer übernehmen. Die militärische Ausbildung sowie die Versorgung mit Lebensmitteln lagen in der Hand von Wehrmachts- und SS-Angehörigen. Diese Aufgabenteilung sorgte für ständige Konflikte. Schließlich mussten Heeres- und SS-Angehörige, die in Wehrertüchtigungslagern eingesetzt wurden, Lehrgänge an Gebietsführerschulen absolvieren.[405]

> *»Der Führer hat entschieden, daß die Wehrertüchtigung des ältesten Jahrganges durch die Hitlerjugend, die bisher ausschließlich innerhalb des Hitlerjugend-Dienstes der Einheiten durchgeführt wurde, in dreiwöchigen Lehrgängen in Wehrertüchtigungslagern der Hitlerjugend ihren Abschluß findet.«*[406]

Entsprechend den verschiedenen Erfordernissen im Kriegseinsatz von Stadt und Land wurden Jungen aus der Stadt im Sommer, Jungen vom Land im Winter einberufen.[407] In diesen »Wehrertüchtigungslagern« sollten die Teilnehmer den »K-Schein« erwerben, den Nachweis für die Beherrschung von Gewehr, Maschinengewehr und Panzerfaust. Die militärische Ausbildung übernahmen Wehrmachstangehörige oder SS-Mitglieder, hauptsächlich Unteroffiziere. Nicht selten waren die jungen Männer sadistischen und auch sinnlosen Schikanen ausgesetzt. Die Versorgung mit Nahrungsmitteln war schlecht. »Nichts zu fressen hatten die!«, erinnert sich ein Anwohner aus Osterhofen. Die Ausbildung war nicht nur hart, sondern oft auch sinnlos:

> *»Die mussten im Winter den Südhang der Gorisleiten herunterfahren, ein steiler Hang mit vielen Buckeln. Viele konnten gar nicht Skifahren. Oft gab es Beinbrüche.«*[408]

Während der Endphase des Kriegs kamen zunehmend kriegsversehrte Soldaten zum Einsatz.[409] Die Wehrmacht zeigte sich – anders als nach dem Zweiten Weltkrieg oft beteuert – überzeugt von der vormilitärischen Ausbildung der Jugendlichen.[410]

Für das »Wehrertüchtigungslager« errichtete man im Gelände des Hochlandlagers in Königsdorf Baracken, deren Fundamente noch heute im Gelände erkennbar sind. Dort leiteten Angehörige der Gebirgstruppe die Ausbildung. Das Hochlandlager erscheint auf einer Liste der Wehrmacht mit sechs weiteren »Wehrertüchtigungslagern« der HJ-Gebiete 19 und 36 im November 1942.[411] Auf den Listen der Wehrmacht ist das Hochlandlager ein Jahr später nicht mehr zu finden. Die SS übernahm die militärische Ausbildung.[412]

Einige Räume des 1802 säkularisierten Augustiner-Chorherrenstifts Weyarn befanden sich ab 1898 im Besitz der Landeshauptstadt München. Die Stadt unterhielt zwischen 1898 und 1932 in diesen Räumen ein Waisenhaus. Nach einer kurzen Nutzung durch Reichswehrsoldaten richtete die HJ – wiederum eine Gabe des Münchner NS-Oberbürgermeisters Karl Fiehler – in diesem Gebäudetrakt die »Oberbann-Führerschule« Josef-Neumeier ein. Geführt wurde diese Führerschule von Josef Remold.[413] 1942 wurde die Gebietsführerschule, dieser Begriff hatte sich etwa 1935 eingebürgert, in ein Wehrertüchtigungslager umgewandelt. Das Wehrertüchtigungslager Weyarn, zu dem auch die sogenannte Kasperlmühle (früher Bann-Führerschule) im Mühltal gehörte[414], konnte bis zu 150 Kursteilnehmer aufnehmen. Ende September 1944 übernahm die SS das Wehrertüchtigungslager Weyarn direkt. Dessen letzter HJ-Leiter war angeblich wegen »politischer Unzuverlässigkeit« in Ungnade gefallen. An die Stelle des dreiwöchigen Kurses trat nun eine unbefristete militärische Grundausbildung, der ein Kriegseinsatz in der Waffen-SS folgen sollte. Im Ort war damals der Spruch »Weyarn, der Schleifstein von Bayern« geläufig.[415]

Während der Wehrertüchtigungslager-Lehrgänge warben die HJ-Führer für den Eintritt in Wehrmacht und Waffen-SS. Ein besonders drastisches Beispiel der Werbung beschrieb 1944 ein HJ-Gefolgschaftsführer, früher Führer eines »Wehrertüchtigungslagers«, über seine erfolgreiche Methode der Freiwilligenwerbung. In den Lagern – so der Gefolgschaftsführer – fand die »weltanschauliche Schulung« erst am fünften Tag statt. Inzwischen hätten die militärischen Ausbilder die Teilnehmer durch »Anbrüllen, Robben usw. etwas bockig« gemacht. »Meldungen zu Flak, Luftnachrichten, Verwaltungs- und Sanitätslaufbahn« habe er immer abgelehnt. Denn es handle sich dabei ja immer nur um »Drückebergerposten«. Der Gefolgschaftsführer selbst – so betonte er – stellte dann am ersten Lagertag die weltanschauliche Schulung unter das Motto »Gedanke der Kriegsfreiwilligenmeldung«. Fünf Punkte sollten die Hitlerjungen zur Meldung bewegen. Unter Punkt 4 erläuterte der Gefolgschaftsführer, die Jungen sollten sich zu den Gebirgsjägern melden. Denn diese Truppe »ist mit uns verwachsen«. Unter Punkt 5 erläuterte der HJ-Funktionär die Vorteile einer Freiwilligenmeldung:

Kriegseinsatz der Hitlerjugend: Luftwaffenhelfer. Propagandakarte aus dem Jahr 1943.

»5. Jeder Junge steht mit der Kriegsfreiwilligenwerbung an einer Schicksalswende seines Lebens, für die er selbst entscheidet. Man wird bei diesen Jahrgängen zeitlebens immer fragen, warst Du Kriegsfreiwilliger oder nicht? Führernachwuchs, Offiziersnachwuchs, Neubauern, Aufnahme in die NSDAP. usw., alles wird durch die Kriegsfreiwilligkeit entscheidend beeinflußt und daher hilft dann später einmal nicht mehr die Ausrede, dass es die Eltern damals nicht erlaubt hätten. Ein richtiger Kerl steckt da gerne ein paar Ohrfeigen zuhause ein, denn was sind sie im (V)ergleich zu dem Opfer unserer Soldaten an der Front.«[416]

Am Abend mussten die Teilnehmer – unter Aufsicht des Gefolgschaftsführers – einen Aufsatz zum Thema »Gedanke der Kriegsfreiwilligkeit« zu verfassen. Am nächsten Tag gab er die Aufsätze zurück und die Jungen freuten sich, wenn einer »Mist geschrieben hat«. Wenige lehnten eine Freiwilligenmeldung ab. Der Gefolgschaftsführer stellte die Frage nach Geburtsort und -tag des »Führers« an Jungen, die so wirkten, als wüssten sie keine Antwort darauf – um die Jungen bloßzustellen. Nach der Belehrung folgte die Aussage, dass diejenigen, die sich nicht meldeten, »dumm« dastünden. Am fünften Tag sammelte er dann die Freiwilligenmeldungen und die Verweigerungen ein. Manche der Verweigerer erzählten, die Eltern seien gegen eine Freiwilligenmeldung, manche schrieben sogar, sie seien eben »Scheißkerle«. Nach der Lüge, er werde diese Aufsätze an den Bann schicken, überlegten es sich die meisten anders und wollten die Schriftstücke zurück. Unter dem Drängen der bereits Freiwilligen meldeten sich dann die wenigen Zögernden auch noch.[417] Die Ausführungen des Gefolgschaftsführers endeten dann mit den Konsequenzen einer möglichen Niederlage des »Großdeutschen Reiches«:

»Ist es da nicht besser noch einige Jahre im Krieg auszuhalten, als wenn dieses jüdisch geführte Gesindel bei uns wäre? Würden wir dann noch so ein Essen und Schilager usw. haben?«[418]

Anschließend wurde noch »Es zittern die morschen Knochen« gesungen und anschließend folgte sofort der Zapfenstreich – also Nachtruhe.[419] So wurde das ideologische Konzept, wie vorher im Zeltlager, während des Kriegs weiter umgesetzt.

Wie erfolgreich dieser Appell war, ist unbekannt. Gerade junge Soldaten haben aber am Ende des Zweiten Weltkriegs fanatischen Widerstand in einem verlorenen Krieg geleistet. Einer geringen Beliebtheit erfreute sich die SS. Auf Arthur Axmanns Anregung im Februar 1943 entschloss sich Heinrich Himmler, eine SS-Panzerdivision aufzubauen, die nur aus Hitlerjungen bestand. Für diese Einheit wurde auch in schwäbischen und südbayerischen HJ-Einheiten geworben.[420] Die aus 20 000 meist 17-jährigen Soldaten bestehende Einheit kam im Juni 1944 an der Invasionsfront zum Einsatz. Aufgehetzt stürzten sich die Jungen in den Kampf.

Oberbannführerschule Weyarn in den Räumen des ehemaligen Klosters.

Nach knapp vier Wochen waren 3000 Soldaten gefallen. Im September 1944 konnten sich die letzten 600 Soldaten aus der alliierten Umklammerung retten. Manche der jugendlichen Soldaten begingen schreckliche Kriegsverbrechen. Im Spätsommer 1944 wurden 64 britische und kanadische Soldaten von jungen Soldaten der SS-Division »Hitlerjugend« ermordet.[421] Während Arthur Axmann als »glühender Idealist« – wie Hitlers letzte Sekretärin Traudl Junge betonte – im sicheren Führerbunker saß, kämpften und starben 12- bis 14-jährige Jungen in einem sinnlosen Gemetzel.[422]

6.2 Kriegsende

Wie das Kriegsende im Hochlandlager aussah, ist unklar. Ein weiteres Wehrertüchtigungslager befand sich in Weyarn, dem Ort des ersten HJ-Führerlagers. Im Frühjahr 1945 sollten offenbar Hitlerjungen als Mitglieder einer Partisanenorganisation, des »Werwolf«, im Hochlandlager ausgebildet werden. Ein Zeitzeuge aus Geretsried, Herr Gritzbach, kam am 9. April 1945 als Melder aus dem Wehrertüchtigungslager Weyarn in das Hochlandlager. Der Junge war damals noch nicht 16 Jahre alt. Er hatte Informationen für die Lagerleitung bei sich:

»Von Weyarn aus musste ich im Rahmen der Wehrertüchtigung in die Junkerschule der SS nach Bad Tölz, bevor ich wieder nach Weyarn zurückgeschickt wurde. Anfang April sandte man einige Freunde und mich als Melder ins Hochlandlager bei Königsdorf. Wir sollten dort mitteilen, dass das Lager in eine Ausbildungsstätte für den Werwolf umgestaltet wird. Wir kamen im Lager an, überbrachten die Nachricht und da begann der schwere Luftangriff auf die Munitionsfabrik in Geretsried [Anm. des Verfassers: Dieser Angriff fand am 9. April 1945 statt].

Da ich Angst um meine Angehörigen in Föhrenwald [Anm. des Verfassers: heute Waldram] *hatte, bat ich die Lagerleitung, meinen Marschbefehl zurück nach Weyarn um die Route über Föhrenwald zu erweitern. Da ich in Panik war, kann ich mich nicht erinnern, in welchem Zustand das Lager war.«*[423]

Herr Fritz G. wurde aus Weyarn in die Junkerschule der SS nach Bad Tölz geschickt und von dort aus nach wenigen Wochen zurück nach Weyarn. Von dort wurde die ganze Gruppe nach Hohenwarth bei Schrobenhausen, verlegt. Dort sollten Wehrmachtssoldaten die Jungen zu »Werwölfen« ausbilden. Ein Unteroffizier schickte ihn und ein einen Freund jedoch »nach Hause«. Die beiden Jungen gingen direkt nach Weyarn, weil dort ihre Schuhe noch lagen. Im Wehrertüchtigungslager herrschte Chaos. Fritz füllte einen Marschbefehl nach Föhrenwald aus. Denn ohne Marschbefehl hätten die Jungen damals ihr Leben riskiert.

»Der Umgang war brutal. Auf dem Weg von Weyarn nach Föhrenwald schloss sich unserer Gruppe ein französischer Fremdarbeiter an. Auf dem Heimweg gerieten wir in eine Kontrolle der Militärpolizei. Einer der Militär-Polzisten sagte der Franzose »muss weg«. Ich sagte geistesgegenwärtig: »das machen wir dann außerhalb des Ortes! Die Militärpolizisten stimmten zu und als wir um die Ecke waren, habe ich zwei Mal in Luft geschossen!«[424]

Die Ermordung eines Franzosen durch 15-Jährige erschien im April 1945 für die Militärpolizisten nichts Außergewöhnliches zu sein.

Wie wurde das Hochlandlagergelände befreit? Wir haben dazu nur Erinnerungssplitter. Der spätere Träger des alternativen Nobelpreises, Prof. Hans Peter Dürr erreichte als Hitlerjunge »etwa eine knappe Woche vor Hitlers Tod« das Hochlandlager. Der Wissenschaftler erwähnte in seiner Schilderung, ein Gerücht habe damals besagt, die Reichsjugendführung habe sich kurz davor im Hochlandlager aufgehalten.[425] Amerikanische Soldaten erreichten das Gelände am 1. Mai 1945. Vorher hatte die Bevölkerung der umliegenden Orte das Lagergelände um in den Magazinen zu plündern.[426] Sehr wahrscheinlich war es Häftlingen des Konzentrationslagers Dachau gelungen, auf einem der »Todesmärsche« ihren SS-Bewachern

Der 16-jährige Hans-Georg Henke nach der Befreiung Berlins – eine um ihre Jugend betrogene Generation (Foto vom 2. Mai 1945).

zu entkommen und sich im Lagergelände zu verstecken. Einer dieser »Todesmärsche« hatte den Ort Königsdorf am 30. April 1945 durchquert.[427] Das Gelände des Hochlandlagers wurde nach der Befreiung von den US-Besatzungsbehörden eingezogen. Im ehemaligen Lagergelände erhielten Überlebende der Shoa die Möglichkeit, eine selbstverwaltete Siedlung einzurichten. Ab 1946 erhielten Juden, die auf ihre Auswanderung warteten, illegal eine paramilitärische Ausbildung.[428] 1950 überließen die US-Besatzungsbehörden das Gelände dem Freistaat Bayern. Hier wurde die Jugendsiedlung Hochland e.V. heimisch. Der Verein unterstützte in den Anfangsjahren Kinder und Jugendliche, die durch die Terrorherrschaft der Nationalsozialisten ihre Heimat und Familie verloren hatten mit Lehrwerkstätten und Unterkünften. Später übernahm die Jugendsiedlung das Zeltplatzgelände und betreibt heute auf ca. 30 ha die Jugendbildungsstätte Königsdorf als eine der 12 bayerischen Jugendbildungsstätten mit den Schwerpunktthemen Erlebnispädagogik, Politische Bildung, Kulturpädagogik. Die Umweltstation Königsdorf (Umweltbildung Bayern), ebenfalls eine Einrichtung des Vereins, unterstützt junge Menschen (z.B. in Schulklassen, Vereine, Familien, Verbände) in der Bildung für nachhaltige Entwicklung (BNE) mit umweltpädagogischen Angeboten. Der Jugendzeltplatz mit Blockhütten und Hüttendorf bietet naturnahe Zeltplätze in den Isarauen für Kinder-, Jugend- und Familiengruppen für Ferien-, Freizeit- und Bildungsaufenthalte. Die Isartalsternwarte und ein begehbarer ökologischer Fußabdruck in Form eines Heckenlabyrinths ergänzen eindrucksvoll das Angebot der Jugendsiedlung Hochland.«

7 Bayerische Zeltlager der Hitlerjugend im Rückblick

7.1 Entwicklungen der Zeltlager

Emil Klein schrieb in seinen Erinnerungen, dass er keinen »Militarismus gepredigt« habe. Das militärische Gebaren sein nötig gewesen, um »Ordnung« in die schnell wachsende Organisation zu bringen, und dass es nur eine »vorübergehende Lösung« gewesen sei, bis »HJ-Führer aus den eigenen Reihen nachkamen«. Daneben habe es ja auch »weltanschauliche und musische Schulung« gegeben.[429]

Einheitliche Richtlinien zur Ausbildung im Zeltlager existierten nicht von Anfang an. Die Funktionäre des Gebiets 19, Hochland, zeigten jedoch teilweise vorauseilenden Gehorsam. Die Zeltlager lassen mehrere strukturelle sowie thematische Abschnitte erkennen. Von 1934 bis 1936 strebte die Gebietsführung neben einer gewissen Auslese für das Führercorps der unteren Ebene sicher eine möglichst große Zahl an Teilnehmern an. In allen drei Lagern kamen propagandistische Laienstücke zur Aufführung. In Murnau wurde die sogenannte Kampfzeit der Hitlerjugend verherrlicht. Das zeigen der »Märtyrerkult« und das Theaterstück »Fähnlein Langemarck« – eine Verherrlichung der Straßenkämpfe als Weiterführung der Kämpfe des Ersten Weltkrieges. 1934 war dieser Stoff bereits veraltet. Denn HJ-Führer war nun ja eine durchaus bürgerliche Berufsperspektive. Ein Jahr später in Lenggries/Jachenau war bereits die Wehrmacht beteiligt. Nur noch ein Theaterstück »Arbeiter – Bauern – Soldaten« kam zur Aufführung. Das Thema passte zur Wiedereinführung der Wehrpflicht und befasste sich mit dem Thema »Volksgemeinschaft – Wehrgemeinschaft«. In Königsdorf kam schließlich ein Stück zur Aufführung »Rebell um Deutschland«, das sich dem Konflikt Heinrichs des Löwen mit dem Bischof Otto von Freising befasste. Stoßrichtung waren – passend zu den »Sittlichkeitsprozessen« gegen Geistliche – die katholischen Geistlichen. Schon 1936 nahm die Wehrmacht direkt Einfluss auf die Zeltlager – das zeigen die Schießausbildung für die älteren Hitlerjungen und die Luftschutzübung. Diese Lager waren mit 6000 bis 8000 Teilnehmern Massenlager und Ziele waren die Auslese von neuen Führern, der Zugewinn an neuen Mitgliedern. Im Dezember 1936 wurde die Hitlerjugend »Staatsjugend«.

Von 1937 an begann ein weiterer Abschnitt. Die Trennung in »Führer«- und »Bannlager« gab dem Hochlandlager die Funktion einer Kaderschmiede. Dort sollten ideologische Prägung und Schießausbildung vertieft werden. Bis zum Kriegsbeginn können diese beiden Lagertypen (Massenlager und Führerlager) durchaus als Freizeitlager bezeichnet werden. Mit Kriegsbeginn wurden »weltanschauliche

Schulung« und allgemeiner Sport auf ein Minimum reduziert. Die militärische Ausbildung – speziell von Sondereinheiten, wie Motor-HJ und Nachrichten-HJ – stand nun im Vordergrund.

Die Einführung der »Wehrertüchtigungslager« 1942, neben den üblichen Führerlagern, war faktisch nur noch eine Formalie.

Der Militarismus in der Hitlerjugend war nicht Mittel zur Disziplinierung. Die Vorbereitung zum Krieg und hiermit im Zusammenhang die Prägung der jungen Gesellschaft mit NS-Gedankengut waren der tatsächliche Zweck der Großzeltlager, wie der gesamten HJ-Ausbildung.

7.2 Das Schicksal von Funktionären der Hitlerjugend in der Nachkriegszeit

Bis zu seinem Lebensende 2010 war »Obergebietsführer« Emil Klein von der Richtigkeit seines Handelns überzeugt. Klein hielt nach Kriegsende weiter Kontakt zu zahlreichen Ex-Mitgliedern der HJ. Seine Überzeugung findet sich auf seinem Sterbebild:

»Ich bin alt. Ich weiß manches, das ich in meiner Jugend
nicht gewußt habe, das versteht sich.
Und doch: ich meine, daß der alte Mensch
von seinem Alter nur dann etwas hat,
wenn er seine Kindheit, Frühzeit ernst nimmt.
Wenn er zu allem steht, stehen kann,
wenn er geglaubt, geliebt und gehofft hat.
Kann er das nicht, dann wird er erbärmlich arm sein –
ich kann euch sagen, daß ich sehr reich bin.«[430]

Josef Remold

Josef Remold (1902–1985), »Geländeausbilder« in den ersten beiden Hochlandlagern[431] und Leiter der Führerschule in Weyarn, wechselte 1935 zur Wehrmacht. Im Zweiten Weltkrieg kam Remold in Polen, Frankreich, Jugoslawien, Griechenland, Norwegen und der Sowjetunion zum Einsatz. Nach dem Ausscheiden Italiens aus der Allianz mit Deutschland beteiligte sich Remold an der Erschießung italienischer Offiziere.[432] Zwei Tage nach der Kapitulation des Deutschen Reichs unterschrieb Remold in Norwegen das Todesurteil gegen vier Soldaten seiner Einheit, die versucht hatten, sich nach Schweden abzusetzen. Dieses Urteil wurde vollstreckt.[433] Aus britischer Gefangenschaft wurde der Oberst 1946 an die Sowjetunion ausgeliefert.

Remold fühlte sich damals als Opfer. Das schrieb er über seinen Transport in die sowjetische Kriegsgefangenschaft:

> *»Wir sahen kurz Deutschland: Das zerstörte Hamburg und Lübeck. In weitem Bogen wurde abgesperrt, wo wir erschienen. Kein Gruß auf deutscher Erde nach sechsjähriger Pflichterfüllung an den Fronten. Wir ahnten Böses, wollten aber nicht daran glauben, da unser Gewissen rein war.«*[434]

Nach dem Zweiten Weltkrieg wurde Remold 1951 der erste Präsident der Bayerischen Bereitschaftspolizei.[435] Der ehemalige »Geländeausbilder« betätigte sich auch als Schriftsteller.[436]

Lorenz Sonderer, vom Oberbannführer zum Fremdenverkehrsdirektor

Lorenz Sonderer, Führer des Bannes Hochland, ließ sich wegen der zunehmenden Arbeitsauslastung für die Hitlerjugend am 1. Oktober 1934 ohne Bezahlung vom Lehrdienst beurlauben. Um den Lebensunterhalt des HJ-Funktionärs zu gewährleisten, stellte ihn die Marktgemeinde Murnau als Mitarbeiter im »Kurbad- und Fremdenverkehrsverein« an. Weil der HJ-Bannführer innerhalb der HJ und der Partei aufsteigen wollte, bemühte sich Lorenz Sonderer ab 1935 um die nachträgliche Verleihung des Blutordens. Dieser Orden stand allen Teilnehmern des Marsches auf die Feldherrenhalle am 9. November 1923 zu. Wegen seines Parteiaustrittes 1931 wurde das Gesuch im selben Jahr abgelehnt. Am 10. Dezember 1939 stellte Lorenz Sonderer einen Antrag auf ununterbrochene Parteimitgliedschaft. Zum Nachweis der Legitimität legte der Jugendführer Erklärungen weiterer Personen zu. So bestätigte der frühere Ortsgruppenleiter Otto Englbrecht in einem Schreiben vom 11. Juli 1939, er habe Sonderer 1931 ohne dessen Wissen als verzogen gemeldet, um den Lehrer vor beruflichen Schwierigkeiten zu bewahren. Sonderers Antrag auf ununterbrochene Mitgliedschaft in der NSDAP wurde 1. Juli 1940 bestätigt.[437] Der Pädagoge begann eine steile Karriere. Am 27. Februar 1940 erhielt der HJ-Führer die Dienstauszeichnung der NSDAP in Bronze[438]; am 8. November 1941 erhielt Sonderer den Blutorden[439] und am 30. Januar 1942 das Dienstabzeichen der NSDAP in Silber[440]. Am 25. März 1942 wurde Sonderer zur Wehrmacht einberufen. Der HJ-Karrierist erwarb das Eiserne Kreuz II. und I. Klasse sowie das Infanterie-Sturmabzeichen in Silber. Am 25. Januar 1945 verließ Oberleutnant Sonderer das Frontgebiet, »zur Einarbeitung als NS-Offizier«. NSFO waren Offiziere der Wehrmacht, die in Truppenoperationen eingebunden blieben, ideologisch jedoch als sehr zuverlässig galten. Im niederösterreichischen Stein beschlossen der Gefängnisdirektor Franz Kodré und weitere Justizbeamte am 6. April 1945, die Häftlinge, trotz der Widerstände im Justizpersonal, zu entlassen. Obwohl die Entlassung friedlich verlief, meldete der stellvertretende Direktor eine Häftlingsrevolte. Oberleutnant Sonderer, NS-Führungsoffizier, fuhr mit einer Truppe aus Wehrmacht, SS und Volkssturm zum Zuchthaus. Die Häftlinge, sie stammten zum Großteil aus Griechenland und Jugoslawien, wurden in die Innenhöfe getrieben und erschossen. Anschließend wurden noch der Gefängnisdirektor und vier Justizbeamte zum Tode verurteilt und erschossen.[441] In Wien wurden diese Morde vor dem »Volksgericht« aufgearbeitet. Es wurden sogar Todesurteile verhängt. Gegen Lorenz Sonderer erhob der Staatsanwalt Anklage. Verurteilt wurde der ehemalige HJ-Standortführer nie. Wann sich Lorenz Sonderer nach Westen abgesetzt hat, lässt sich nicht klären. Am 19. Juni 1945 meldete sich Sonderer im heimatlichen Murnau an. Zwei Tage später verhafteten ihn US-Einheiten und brachten ihn in das Internierungslager Moosburg an der Isar. Nach 1955, in diesem Jahr erhielt die Bundesrepublik Österreich im Staatsvertrag ihre volle Souveränität zurück, bestand weder in der Bundesrepublik Deutschland, noch im nun neutralen Österreich bei den Justizbehörden Interesse, NS-Verbrechen zu ahnden. Der frühere HJ-Oberbannführer arbeitete weiter in der Fremdenverkehrsbehörde des Marktes Murnau, die er ab 1955 leitete. Lorenz Sonderer wurde 1959 mit der Murnauer Bürgermedaille und sogar dem Bundesverdienstkreuz ausgezeichnet. Von der Ehrung mit der Bürgermedaille distanzierte sich der Rat der Marktgemeinde Murnau, auf Initiative der Bürgerschaft schließlich am 26. Oktober 2017.[442]

Richard Etzel, ein HJ-Schulungsleiter in der rechtsextremen Szene der Bundesrepublik

Richard Etzel (1910–1992) war im Hochlandlager 1934 zuständig für die Schulung. Der gelernte Schlosser schloss sich schon 1920 einer Jugendbewegung an. 1923 trat er der Christlichen Jugendbewegung (CVJM) bei. Fünf Jahre später trennte er sich von diesem christlichen Verband und gründete eine eigene Gruppe, die »Grauer Bär« hieß. Im CVJM fehlte Etzel das »Nationale«. Die Mitglieder im »Grauen Bär« trugen olivgrüne Hemden. Später begründete er diesen Schritt damit, dass das »Nationale zu kurz gekommen« sei. Am 16. Oktober 1929 trat Richard Etzel in die NSDAP ein und erhielt die Mitgliedsnummer 156.006. Ein Jahr später trat Richard Etzel in die Hitlerjugend ein und arbeitete hauptamtlich für die Jugendorganisation. Etzel wurde auch Inspekteur für das Deutsche Jungvolk. Er machte rasch Karriere und erreichte 1934 den Dienstgrad eines Oberjungbannführers. Das war auch der höchste Dienstgrad, den Etzel erreichte. 1941 wurde angeblich sogar ein Verfahren wegen »bündischer Umtriebe« gegen Richard Etzel eingeleitet. Er ließ angeblich seine Jungen in der Hitlerjugend verbotene Lieder der Bündischen Jugend singen.[443] Ein Verfahren wegen angeblicher homosexueller Übergriffe konnte nicht bestätigt werden. 1947 kehrte Etzel nach seinem Dienst in der Wehrmacht aus französischer Kriegsgefangenschaft zurück. Er musste sich nun dem Spruchkam-

Grüße an die alten Kameraden vom »Gebietsführer« aus dem Jahr 1987.

merprozess stellen. In drei Jahren erreichte es Etzel bis 1950 – unter Inanspruchnahme von Verfahrenseinstellungen und Revisionen – von Gruppe I der Hauptschuldigen in Gruppe III der Minderbelasteten heruntergestuft zu werden. Zeugen schilderten vor Gericht Etzel als einen fast schon bündischen Jugendführer, der in der HJ tapfer die Freiheit und Menschlichkeit verteidigte. Die Realität sah anders aus: Bereits seit seiner Heimkehr aus der Kriegsgefangenschaft betätigte sich Etzel noch während der Revisionsverfahren seines Spruchkammerverfahrens in frühen rechtsextremen Parteien, wie dem »Deutschen Block«. Für diese Gruppe hielt Etzel im niedersächsischen Vohenstrauße am 30. Juni 1946 auf einer Sonnwendfeier eine Rede. Das steigerte seine Glaubwürdigkeit nicht: 1948 scheiterte wohl auch deshalb eine Revision.

> *»Die Abschwächungsversuche des Betroffenen, dass er in der HJ als Hauptsache sportliche und kameradschaftliche Betätigung gesehen hat, wird dadurch widerlegt, dass er nach seiner Angabe das durchgeführt hat, was die nationalsozialistische und militärische Erziehung der Jugend verlangt hat. Marschieren und Ausrichtung auf den Führer Adolf Hitler.«*[444]

1950 wurde Etzel in Gruppe III der Minderbelasteten eingestuft. Den Hinweis auf Etzels Beteiligung an einer Diskussionsveranstaltung der von Karl Feitenansl gegründeten rechtsextremen »Vaterländischen Union« am 15. Dezember1949 ignorierte der Gerichtshof mit dem lächerlichen Hinweis darauf, dass der genaue Wortlaut von Etzels Ausführungen in beobachteten Gesprächen nicht bekannt sei.[445] Kurz davor, im April 1950, war Etzel die Mitarbeit in einer Jugendgruppe der Pfadfinder verboten worden. Dagegen wehrte sich der Ex-HJ-Funktionär[446] und gründete seine eigene Jugendgruppe, die rechtsradikale Jugendorganisation »Jugendbund Adler«. Erkennungszeichen war das »Fallschirmschützenabzeichen« der Wehrmacht: ein Adler im Sturzflug. Regionale Schwerpunkte waren Norddeutschland und Bayern. Sitz der Organisation war Memmingen. Die Organisation war Mitglied des »Kameradschaftsrings Nationaler Jugendverbände«, oder auch: »Kameradschaftsring der nationalen Jugend«. Weitere Mitglieder waren u. a. die »Wiking-Jugend« und die »Heimattreue Deutsche Jugend«.

> *»Ein Merkblatt des Adler teilt mit: »Der Jugendbund Adler (JBA) ist ein eingetragener Verein (e. V.) und arbeitet überparteilich und überkonfessionell. Er nimmt Jungen und Mädel im Alter von 9 bis 18 Jahren auf. Der JBA fördert körperliche Ertüchtigung und die Entwicklung des Geistes und der Seele der von ihm erfaßten jungen Menschen.«*[447]

Nach der Gründung umfasste der »Jugendbund Adler« immerhin 5.000 Mitglieder. 1960 gab es noch 2.000 Mitglieder dieser Organisation. 1966 bekannten sich schließlich nur noch 800 junge Menschen zu dieser Organisation. Gegenüber der

Zeitschrift »Der Spiegel« verortete sich der Verein 1966 in einem Interview zwischen »Hitlerjugend und Pfadfindern«. Der Jugendbund Adler bekannte sich allerdings im Gegensatz zu anderen rechtsextremen Verbänden zu Westintegration der Bundesrepublik, zur Wiederbewaffnung und stand in »fester Treue« zum Grundgesetz. Die Inhalte des Jugendbundes erinnerten jedoch kaum an das Grundgesetz, sondern ganz stark an die Hitlerjugend. Da waren Wanderungen im üblichen Stil der nationalsozialistischen Jugend: »Der Feind wird hinter Büschen »angenommen« und den Kindern wird beigebracht, wie man ihn schlägt.« Das schrieb 1958 Die Zeitung »Die Zeit«.[448] Militaristisches Gehabe, Lektüre des Judenhassers Adolf Bartels, dessen Grab auch besucht wurde, waren weitere Inhalte. Auch diese Inhalte waren Standard: Aus den Ergüssen des NS-Barden Venatier (Der Major und die Stiere) wurden Vereinsgrundsätze geformt, wie: »Das Recht hat die Gesunden vor den Kranken zu schützen«. Oder: »Ich hege keinen rassischen Hochmut. Aber den rassischen Mischmasch lehne ich ab«. Hart und flink sollten die Jungen werden. Gründe diese Wortwahl zu meiden, sah ein Führer des Jugendbund Adlers 1966 nicht. Zu seinen Jugendlichen sagte dieser »Horstführer«, der im Zivilberuf Versicherungsvertreter war: »die sind wenigstens keine Nestbeschmutzer, wie die meisten Deutschen«.[449] Die aggressiv nationalistische Ideologie prägte im Jugendbund Adler ein autoritäres und elitäres Weltbild. Das Bundesinnenministerium verhängte 1961 nach §3 des Versammlungsgesetzes ein Uniformverbot, da der Verein nicht der Jugendpflege diente. Die Bedingungen zur Jugendpflege wurden nämlich nicht erfüllt. Die Tracht glich zu sehr der ehemaligen Pimpfentracht. Der Jugendbund Adler wurde spätestens Anfang der 1970er-Jahre durch »Überalterung« uninteressant. Richard Etzel schloss sich zu dieser Zeit dem rechtsextremen Münchner Verleger Dr. Gerhard Frey an und versuchte vergebens den »Jugendbund Adler« in die Vorfeldstrukturen der »Deutschen Volks Union«) (DVU) einzubauen. 1987 trat der damals 77 Jahre alte Richard Etzel erfolglos als Kandidat der rechtsradikalen »DVU-Liste D« bei der Kommunalwahl in Bremen an.[450] 1992 verstarb Richard Etzel.

Hanni Engstler – BDM-Mädelbannführerin und Denunziantin

Die 1906 in Oberhausen (heute Nordrhein-Westfalen) geborene Hanni Engstler war NSDAP-Mitglied seit 1. Mai 1933. Sie übernahm nach eigenen Angaben 1935 »vorübergehend« eine BDM-Gruppe, bis ein geeignete Führerin gefunden sei. Dies war offensichtlich nicht der Fall und so blieb Hanni Engstler in dieser Tätigkeit und stieg 1941 sogar zur Bannmädelführerin auf. Der Inhalt der abgehaltenen Appelle war: Singen, Musizieren, Basteln, Sport und Gymnastik. Politische Vorträge wurden überhaupt nie gehalten.«[451] Der von der US-Besatzungsmacht eingesetzte Bürgermeister von Mittenwald charakterisierte die Tätigkeit von Frau Engstler ganz anders: »Frau Engstler hat sich für die Erziehung der Jugend im nationalsozialistischem (sic!) Sinne sehr eingesetzt.«[452] Eine Frau aus München, die im Sommer 1938 etwas frei aus dem Arbeitsalltag im Luftgau VII in München berichtete, hat das Ehepaar Engstler umgehend denunziert.[453] Dennoch wurde Frau Engstler am 2. Februar 1949 in die ungefährliche Gruppe der Mitläufer eingereiht.«[454]

Kaum ein ehemaliger HJ-Funktionäre wurde in der Bundesrepublik und der DDR ernsthaft juristisch belangt.

Die HJ-Generation begann in den 1950er-Jahren, teils desillusioniert, teils von Schuldgefühlen belastet, am Wiederaufbau mitzuarbeiten. Die Mitglieder der ersten westdeutschen Bundestage, darunter auch Mitglieder der oppositionellen SPD bestanden mehrheitlich aus ehemaligen HJ- und Wehrmachtsmitgliedern. Da die Frage nach der Mittäterschaft oder Schuld irritierend gewesen wäre, wurde sie schlicht ausgeblendet. Nur wenige Betroffene befassten sich mit ihrer Vergangenheit. Freilich gelang es auch einigen Jugendverbänden, sich dem Drill zu entziehen. Ich glaube, der alltägliche Dienst in der Hitlerjugend hatte sicher oft schlicht nicht funktioniert, wie oben in Aidling dargestellt. Aber die von der Hitlerjugend vermittelten ideologischen Vorstellungen blieben für eine Generation vorherrschend. Waren alle Jugendlichen Mitglieder der NS-Jugendorganisationen Täter? Eine Antwort auf diese Frage fällt nicht leicht. Sicher wäre es zu weit gegriffen, alle ehemaligen Hitlerjungen und BDM-Mädchen als Täter zu bezeichnen. Aufgehetzt begingen aber auch häufig Hitlerjungen, die 1945 in einen sinnlosen Kampf geschickt wurden, schreckliche Verbrechen. Einer Idee von Reichsjugendführer Arthur Axmann folgend, wurde 1943 die SS-Division »Hitlerjugend« aufgestellt. Dieser Verband wurde 1944 in 12. SS Panzer-Division Hitlerjugend überführt. Diese Division wurde schlecht ausgerüstet und ausgebildet 1944 nach der Invasion in Frankreich fast vollständig aufgerieben. Gerade der auch in den Zeltlagern vermittelte Fanatismus machte es möglich, die Jungen in aussichtslose Kämpfe zu hetzen und auch schwere Verbrechen zu begehen. Diese Jugendlichen waren in ihrer Prägephase, in einer Zeit, in der sich die Persönlichkeit formt, einem enormen ideologischen Druck ausgesetzt. Diese ideologischen Vorstellungen haben diese Menschen, auch wenn diese Männer und Frauen später ihr Handeln reflektiert haben, weiter begleitet. Der Nationalsozialismus warf auch hier einen langen Schatten.

Eine junge Generation erkämpfte in den 1970er-Jahren den Weg in die gelebte Demokratie. Noch 1979 beschloss der Rat die Benennung der Hauptschule am Ort nach Prof. Dr. Max Dingler. Erst 2011 wurde dieser Name gestrichen. Erst sechs Jahre später benannte der Rat der Marktgemeinde Murnau am Staffelsee die Mittelschule nach »Christoph Probst«. Zwei Jahre später verlor endlich auch Max Dingler, Zoologe. Mundartdichter, aber auch Nationalsozialist und Opportunist des NS-Regimes seine Ehrenbürgerschaft.[455]

Der Gedanke, Kinder und Jugendliche in Zeltlagern mit Ideologie zu verhetzen, bleibt jedoch weiter aktuell. Neben ökologischer Lebensweise müssen Kinder in Zeltlagern der völkischen »Sturmvögel« stramm stehen und marschieren. Die Lieder stammen aus der Hitlerjugend. Daneben werden Kinder angeleitet, eine, die Deutschlandkarte von 1937 aus Holz auszuschneiden. Das erinnert an die Anlage der »Zeltgärten« der Hitlerjugend (siehe oben). Der Bayerische Verfassungsschutz sieht jedoch keine Grund, diese Nachfolgegruppe der »Heimattreuen Deutschen Jungend« zu beobachten. Auf eine Anfrage der grünen Innenexpertin Katharina Schulze antwortete das Bayerische Innenministerium, dass es keine tatsächlichen Anhaltspunkte für extremistische Bestrebungen gebe.[456] Rechtsextremismus ist keine politische Ansicht, die in das Meinungsspektrum integriert werden muss, sondern ein Verbrechen. Diese Einsicht hat leider noch nicht die gesamte Gesellschaft erreicht. Die Anschläge des norwegischen Massenmörders Anders Bering Brejvik und die Morde des NSU in Deutschland, verbunden mit den offenkundigen Ermittlungspannen der Verfassungsschutzämter dürfen nicht verharmlost werden. Ebensowenig darf der fremdenfeindliche Hintergrund der Morde des Schülers David S. ignoriert werden. Rechtsextremismus wird in allen Erscheinungsformen die künftige Gesellschaft weiter bedrohen.

Anmerkungen

1 Longerich, Peter, Hitler. Biographie, München 2015, S. 66.

2 Weber, Thomas, Hitlers erster Krieg. Der Gefreite Hitler im Weltkrieg – Mythos und Wahrheit, Berlin 2012, S. 286.

3 Longerich 2015, S. 75f.

4 Ebd., S. 81.

5 Ebd.

6 Ziegler, Walter, Hitlerputsch, 8./9. November 1923, publiziert am 11.5.2006; in: Historisches Lexikon Bayerns, URL: http://www.historisches-lexikon-bayerns.de/Lexikon/Hitlerputsch, 8./9. November 1923 (13.6.2017)

7 Longerich 2015, S. 101; Paul Hoser, Sturmabteilung (SA), 1921–1923/1925–1945, publiziert am 14.11.2007; in: Historisches Lexikon Bayerns, URL: http://www.historisches-lexikon-bayerns.de/Lexikon/Sturmabteilung_(SA),_1921–1923/1925–1945 (9.6.2017); siehe auch: Peter Longerich, Die braunen Bataillone, München 1989, S. 22ff.

8 Klönne, Arno, Jugend im Dritten Reich. Die Hitler-Jugend und ihre Gegener, Köln 2003, S. 5; Völkischer Beobachter, »Nationale Jugend«, 8.3.1922. Völkischer Beobachter, »Nationale Jugend«, 12.8.1923.

9 Ebd.

10 Ebd.

11 StadtA Mü, BuR 1927, Münchner Neueste Nachrichten 6.8.1933.

12 Rösch, Mathias, Die Münchner NSDAP 1925–1933. Eine Untersuchung zur inneren Struktur der NSDAP in der Weimarer Republik (München 2002), S. 131f.: StA, PDM 6694: Vermerk PDM / VVI vom 11.4.1925: Adolf Lenk gründete im März 1925 die »Deutsche Wehrjugend« für Jugendliche ab 14 Jahren, die jedoch nur aus der Ortsgruppe München bestand. Lenk startete sofort Aktivitäten, wie Tagesausflüge und einen Fackelzug anlässlich des Ludendorff-Geburtstags und eine Filmvorführung »Des Königs Grenadiere«. Zwei Monate später gab Lenk sein Vorhaben auf, nachdem er keine Unterstützung von Hitler und anderen NS-Größen erhalten hatte.

13 Klönne 2003, S. 16.

14 BayHSTA Minn 71799, Bericht der Bayerischen Politischen Polizei vom 31.1.1929.

15 BayHStA Minn 71799, 1.11.1929, Brief von Julius Steeger an Staatsmister für Kultus Franz Xaver Goldenberger.

16 Ebd.

17 Ebd.

18 Ebd.

19 Ebd.

20 BayHStA MInn 71799, Bericht der Bayerischen Politischen Polizei. Als zeitweiliger Stellvertreter Raeckes habe Klein die Formation im März 1928 geführt.

21 BayHStA MInn 71799 Bericht der Bayerischen Politischen Polizei vom 13.6.1928; daneben entstanden in Bayern drei weitere Hitlerjugend-Gaue: »Niederbayern-Oberpfalz«, »Mittelfranken« und »Mainfranken«.

22 Mathias Rösch, Die Münchner NSDAP 1925–1933. Eine Untersuchung zur inneren Struktur der NSDAP in der Weimarer Republik, München 2002, S. 133: Das gilt bereits

für den Reichstagswahlkampf 1928; siehe Bericht zum Reichstagswahlkampf im Mai 1928, in: Bayerischer Kurier, Nr. 142, 21.5.1928.

23 StadtA Mü, BuR, Münchner Neueste Nachrichten, Nr. 222, 6.8.1933.

24 StadtA Mü, BuR 452 / 13, Schreiben an das städtische Jugendamt München vom 6.7.1929.

25 Ebd.

26 Ebd.

27 Ebd.

28 StadtA Mü, BuR 1927, Münchner Neueste Nachrichten Nr. 222, 6.8.1929.

29 BayHStA Minn 71799, Bericht der Bayerischen Politischen Polizei 8.4.1930.

30 StadtA Mü, BuR 1927, Münchner Neueste Nachrichten, 6.8.1933

31 StadtA Mü, BuR 1927, Münchner Neueste Nachrichten, 6.8.1933; Rösch 2002, S. 254. Eine BDM-Gruppe tauchte in München das erste Mal 1928 auf. Im Jahr 1930 bestand diese Gruppe aus einer »Jungschar« für 8- bis 13-jährige Mädchen und einer »Mädchengruppe« für 13- bis 22-jährige Mädchen. Bis zum Jahresende war der BDM in fast allen Statteilen vorhanden.

32 BayHStA Minn, 71799 Artikel »Bayerischer Kurier«, 8.1.1932, »Politische Verhetzung von Kindern und Jugendlichen«.

33 Ebd.

34 Ebd.

35 Ebd.

36 StadtA Mü BuR 1927, Münchner Neueste Nachrichten, 6.8.1933.

37 Ebd.

38 Ebd.

39 BayHStA MInn 7179, Abschrift des Briefes des Bezirksamt Garmisch an den Heimleiter Dolles vom 21.12.1931.

40 StadtA Mü BuR 1927, Münchner Neueste Nachrichten, 6.8.1933.

41 Ebd.: Im Artikel wurde nur der Tarnverein »Heimatfreunde e. V.« genannt. Tatsächlich protestierte Emil Klein in einem Schreiben an das Bayerische Staatsministerium des Innere, datiert mit dem 6.6.1932 gegen das Verbot einer Jugend-Werbeversammlung in Freising. Das Schreiben trägt als Briefkopf nicht Heimatfreunde e. V., sondern »NS-Jugendbewegung. Deutsche Arbeiterjugend. Gebiet Hochland«; Rösch 2002, S. 257; obwohl beim Tarnverein »Heimatfreunde e. V.« jeder Bezug zur NSDAP vermieden worden war, wurde dieser Verein verboten. Die Führerschaft bestand nämlich aus den bekannten Gefolgschafts- und Scharführern der Münchner HJ. Führer waren auch bei den »Heimatfreunden e. V.« Etzel, Harbauer. Hellmuth und Fehr.

42 Stadt A Mü,BuR 1927, Münchner Neueste Nachrichten, 6.8.1933.

43 BayHStA Minn 71799 Bericht der Bayerischen Politischen Polizei vom 10.10.1932.

44 Rösch 2003, S. 18.

45 Ebd.

46 Zu den Wahlkämpfen und der Taktik Adolf Hitlers: Longerich (siehe Anm. 1), S. 261ff.

47 Auf den Vorgang der Machtübernahme der Nationalsozialisten kann in diesem Rahmen nicht eingegangen werden. Einen guter Überblick liefert ein Artikel im Historischen Lexikon Bayerns: https://www.historisches-lexikon-bayerns.de/Lexikon/Die_%22Machtergreifung%22,_9._M%C3%A4rz_1933; (25.6.2017).

48 RGBL I (1933), S. 33.

49 BayHStA MInn 71799, Notiz Nr. 2253 b. 2.

50 BayHStA MInn 71799, Notiz Nr. 2597/83.: »Staatsministerium des .Inneren an Herrn Gebietsführer Emil Klein im Hause: »Aus verfügbaren Mitteln konnte für Zwecke der Hitlerjugend ein Betrag von 200 RM freigemacht werden [...].«

51 Klönne 2003, S. 20f.

52 Günther Gerstenberg, Sozialistische Arbeiterjugend (SAJ), 1922–1933, publiziert am 13.7.2006; in: Historisches Lexikon Bayerns, URL: http://www.historisches-lexikon-bayerns.de/Lexikon/Sozialistische Arbeiterjugend (SAJ), 1922–1933 (25.6.2017).

53 Siehe Märtyrerkult.

54 Klönne 2003, S. 299ff.

55 Ebd., S. 300.

56 Wolfgang Benz / Walter H. Pehle (Hg.): Lexikon des deutschen Widerstandes, Frankfurt am Main 1994, S. 189–190.

57 StAM SprKa K 1785, Thomas Stöckl, Schreiben des Rechtsanwaltes an die Sruchkammer München vom 10.9.1948: Stöckl war zunächst Mitglied der katholischen Organisationen »Bund Neudeutschland«, dann »Quickborn«; schließlich wurde er Mitglied in der »Deutschen Freischar«, bevor Stöckl im März 1933 der Hitlerjugend beitrat.

58 StAM SpruchKa K 1001, Herbert Lahr, Lebenslauf, verfasst am 4.8.1948.

59 Klönne 2003, S. 23.

60 Ebd., S. 24; Michael Kater, Hitler-Jugend, Darmstadt 2005, S. 23: Kater schrieb, dass die Gestapo am 8.2.1936 – unter Rückgriff auf die Notverordnungen vom 28.2.1933 – die Auflösung aller bündischen Gruppen verfügte.

61 Klönne 2003, S. 205.

62 Kater 2005, S. 24.

63 Ebd.

64 BayHStA PRASlg 470, Artikel in Süddeutscher Sonntags Post vom 11.6.1933.

65 BayHStA PrASlg 470, Zitiert nach N.N., Das junge Deutschland marschiert auf den Straßen, in: Münchner Staatszeitung 126, 1933, 8.5.1933.

66 Klönne 2003, S. 26f.

67 StadtA Mü. BuR 1927, Rede des Gauleiters Adolf Wagner zur Eröffnung des Hochlandlagers 1935, in: Gebiet Hochland (Hrsg.), »Arbeiter Bauern Soldaten«. Schulung, Fest und Feier im Hochlandlager 1935, München 1935, S. 4.

68 V. Dahms, Die nationalsozialistische Volksgemeinschaft und ihre Organisationen, in: Institut für Zeitgeschichte (Hrsg.), Die tödliche Utopie: Bilder, Texte, Dokumente, Daten zum Dritten Reich, München 2002, 145; zitiert nach Tonträger der Stiftung Deutsches Rundfunkarchiv.

69 StAM LRA 5171 »HJ und Schule«, Schreiben der Regierung von Oberbayern an den Bezirksschulrat Thoma in Weilheim vom 13.6.1935: Für die »gastweise« Teilnahme von Schülern am Staatsjugendtag ist es selbstverständlich erforderlich, die Einwilligung der Erziehungsberechtigten einzuholen. Berufung auf einen Runderlass des Reichsjugendführers und des Reichserziehungsministeriums vom 30.6.1934.

70 IfZ Db 44.60 H. Denckler im Auftrag der RJF (Hrsg.), Aufbau und Abzeichen der Hitlerjugend, Berlin 1940, S. 14.

71 Klönne 2003, S. 114f.

72 IfZ Db 44.90 Abteilung I RJF (Hrsg.), Bekleidung und Ausrüstung der Hitlerjugen, Berlin 1934, S. 4: »Darüber hinaus gibt der 2. Teil des Buches den Herstellern und Lieferanten genaue Anhaltspunkte über den Werkstoff und die Herstellungsart der einzelnen Bekleidungs- und Ausrüstungsstücke. […] Für unsere Dienstkleidung haben wir ein helles leuchtendes Braun gewählt. Leuchtendes Rot und leuchtendes Weiß sind die Farben unserer Fahnen. Diese Farben sollen jedem echten Jungen und Mädel entgegenleuchten. Der HJ zur Freud und dem Spießer zum Leid.« Es folgen 114 Seiten detaillierte Anweisungen zur Anfertigung von Kleidung und Abzeichen.

73 Reichsjugendführung (Hrsg.), Illustrierter Beobachter, 34, 1933: siehe auch: StadtA Mü. BuR 1927, Münchner Neueste Nachrichten, 6.8.1933.

74 StAM SprKa Karton 1001: Oberjungbannführer Herbert Lahr, Jahrgang 1912, war von 1925 bis 1929 Mitglied des Deutschen Pfadfinderbundes und glühender Anhänger der Jugendbewegung. Auf Bitten Emil Kleins sah Lahr vom Studium ab und betätigte sich als Jugendführer in der HJ.

75 Klönne 2003, S. 26.

76 Christoph Hübner, Bayerischer Stahlhelm, 1929–1935, publiziert am 11.5.2006; in: Historisches Lexikon Bayerns, URL: http://www.historisches-lexikon-bayerns.de/Lexikon/Bayerischer Stahlhelm, 1929–1935 (2.7.2017)

77 MAM Murnauer Tagblatt 20.1.1933.

78 StDAM , Personalakt 13036, Fragebogen des Personalreferates des Oberbürgermeisters, 3.5.1938, S. 5, in: Konstantin Ferihumer, Der Fall Sonderer, in: Claudia Kuretsidis und Christine Schindler [Hrsg.] Winfried Garscha. Zeithistoriker, Archivar, Aufklärer, Wien 2017, 266.

79 https://www.historisches-lexikon-bayerns.de/Lexikon/Schulpolitik_(Weimarer_Republik) (17.7.2017).

80 StDAM , Personalakt 13036, Fragebogen des Personalreferates des Oberbürgermeisters, 3.5.1938, S. 5, in: Konstantin Ferihumer, Der Fall Sonderer, in: Claudia Kuretsidis und Christine Schindler [Hrsg.] Winfried Garscha. Zeithistoriker, Archivar, Aufklärer, Wien 2017, S. 266.

81 Ebd.

82 MAM Murnauer Tagblatt 1.10.1932.

83 MAM Murnauer Tagblatt 22.3.1933; am 21. März 1933 wurde in der Garnisonskirche von Potsdam der Reichstag eröffnet. Der greise Reichspräsident gab dem Reichskanzler Adolf Hitler öffentlich die Hand. Dies wurde als Zeichen des Vertrauens der nationalkonservativen Honoratioren dem NS-Regime gegenüber inszeniert und mit Fackelzügen in ganz Deutschland gefeiert. Im Windschatten dieser Feier wurde der »Gerichtshof gegen Heimtücke« eingerichtet. Das war ein Gerichtshof der gegen laute Kritiker massive Strafen verhängen konnte. Verkündet wurde auch eine Amnestie für Verbrechen von Nationalsozialisten.

84 StastA WM Oberländer Volksblatt 7.6.1933.

85 StadtA WM / Obb. Oberländer Volksblatt 6.6.1933.

86 IfZ RJF Abteilung P [Hrsg.], Aufbau, Gliederung und Anschriften der Hitlerjugend. Amtliche Gliederungsübersicht der Reichjugendführung der NSDAP (Berlin 1933), S. 129.

87 (IfZoo / W 284) Claus Dörner, Freude, Zucht. Glaube. Handbuch über die kulturelle

Arbeit im Lager, Potsdam 1937, 5.

88 Baldur von Schirach. Die Hitler-Jugend. Idee und Gestalt, Berlin 1934, S. 107, zitiert in: Vitári, Zsolt, Massensuggestion und Militärdrill. Kapitel aus der Geschichte des Hochlandlagers der Hitlerjugend, Pécs 2001. S. 19.

89 H. Schlinke, Gesundheitsertüchtigung in den Freizeitlagern 1935, in: Das junge Deutschland, o. O. 1935, S. 501.

90 Rösch 2002, S. 327.

91 BayHStA PrASlg 470, Bayerischer Kurier, Nr. 202, 21.7.1931.

92 BayHStA MInn 71799, Schreiben Oberstaatsanwalt bei dem Landgerichte München I an den Oberstaatsanwalt an dem Oberlandesgericht vom 15.10.1931; BayHStA MInn 71799: Bayerischer Kurier Nr. 202, 21.7.1931: Bereits im Juli 1931 wies der Bayerische Kurier auf ein im August geplantes Zeltlager der HJ in Waldkirchen hin. Die Eltern der Schüler wurden vom Kultusministerium darauf hingewiesen, dass die Mitgliedschaft von Schülern an politischen Vereinen auch während der Ferien verboten sei.

93 Münchner Neueste Nachrichten, 22.8. 1933; Vitári 2001, S. 25: Anders als bei Vitári erwähnt, erscheint der Begriff »Hochlandlager« für keines der frühen Lager.

94 BayHStA PrASlg 470, Völkischer Beobachter, Nr. 121, 1.5.1934.

95 J. Rüdiger, Die Hitlerjugend und ihr Selbstverständnis im Spiegel ihrer Aufgabengebiete, Schnellbach 1998, S. 151.

96 Münchner Zeitung, 26.3.1934.

97 Murnauer Tagblatt, 30.5.1934.

98 Ebd.

99 Ebd.

100 Christian Pöllath, Nationalsozialismus in Erbendorf. Die politischen Anfänge des Gauleiters Adolf Wagner, Regensburg 2006, S. 106.

101 Karl Höffkes, Hitlers politische Generale. Die Gauleiter des Dritten Reiches, Tübingen 1986, S. 367ff.; gute Biografie von Martin Broszat.

102 Irene Struif, in: Marita Kraus [Hrsg.], Rechte Karrieren in München. Von der Weimarer Zeit bis in die Nachkriegsjahre, München 2010, S. 134f.

103 Michael Buddrus, »Wir fahren zum Juden Geld holen«, in: Jahrbuch des Archivs der deutschen Jugendbewegung 18, 1993–1998, 2002, S. 69.

104 Irene Struif, in: Marita Kraus [Hrsg.], Rechte Karrieren in München. Von der Weimarer Zeit Bis In Die Nachkriegsjahre, München 2010, s. 142.

105 Ebd.

106 Ebd., S. 150f.

107 StadtA WM/Obb. Weilheimer Tagblatt, 23.10.1946.

108 Schneller Überblick zur Biografie: http://www.dhm.de/lemo/html/biografien/SchirachBaldur/ (3.5.2013).
Publikationen: Baldur von Schirach, Die Hitlerjugend in Idee und Gestalt, Leipzig 1933, ders., Die Pioniere des Dritten Reiches, Essen 1933, als Beispiel; Schirach komponierte auch das Fahnenlied der Hitlerjugend: »Unsere Fahne flattert uns voran!«; in einem 1967 veröffentlichten Buch »Ich glaubte an Hitler« bestritt er, vom Massenmord an den Juden gewusst zu haben.

109 BayHStA NL Emil Klein 3, Emil Klein, 25 Jahre umsonst? Von 1920 bis 1945. Ein Lebenslauf in Dokumenten im Blickfeld der Politik. Betrachtet im Jahre 1985. München 1985.

110 Pantel Gerhard, Unser Hochlandlager. Die große Schule des Gebiets Hochland, Berlin 1935. Gebiet 19, Hochland, Lagerordnung Hochlandlager 1934, München 1934.
111 Pantel, 1935 (siehe Anm. 110).
112 Ebd., S. 28ff.
113 Ebd., S. 28.
114 Ebd., S. 29.
115 Oberländer Volksblatt, 23.5.1934.
116 Murnauer Tagblatt, 23.6.1934.
117 Pantel 1935, (siehe Anm. 110), S. 41.
118 Oberländer Volksblatt, 13.7.1934.
119 BayHStA PrASlg 470, Völkischer Beobachter, 122, 2.5.1934.
120 Murnauer Tagblatt, 25.6. 1934; StAM SpKa Karton 1001, Lebenslauf verfasst am 4.8.1948: Herbert Lahr wurde am 3.1.1912 in München als Sohn eines Oberleutnants geboren. Von 1925 bis 1930 war Mitglied des Deutschen Pfadfinderbundes und nahm an zahlreichen Großfahrten teil. »Da viele Pfadfinderkameraden in die HJ eintraten, war es Ehrensache, mich ebenfalls der HJ anzuschließen und meine langjährige Erfahrung in der Erfahrung, Betreuung und Erziehung zur Verfügung zu stellen [...].« 1932 trat Lahr mit anderen Jugendführern in die HJ ein. Lahr verzichtete 1933 auf ein Studium und widmete sich auf Bitte Emil Kleins ganz der HJ. Er nahm an zwei Sommerlagern teil. 1934 übernahm er kurzzeitig die Führung der Führerschule Weyarn. IfZ Db 44.25: RJF, Abteilung P (Hrsg.), Aufbau, Gliederung und Anschriften der Hitlerjugend. Amtliche Gliederungsübersicht der Reichsjugendführung der NSDAP, Berlin 1933: Jungbann I/26: Führer Bannführer Herbert Lahr, Murnau, Hotel Post, S. 129.
In Murnau leitete Lahr den Jungbann 26, Werdenfels. Die Dienststelle befand sich 1934 im Hotel »Post« in Murnau.
121 Murnauer Tagblatt, 30.7.1934.
122 StadtA Mü. BUR 1927, Brief von Gebietsführer Emil Klein an den Oberbürgermeister Karl Fiehler, 2.8.1934.
123 Siehe Anm. 114.
124 J. Remold, in: Unser Hochlandlager. Die große Schule des Gebietes Hochland (München 1935), S. 29.
125 Murnauer Tagblatt, 30.5.1934.
126 Ebd.
127 Gebiet 19, Hochland, 1934, (siehe Anm. 110), S. 10.
128 Kater 2005, S. 178: Seit 1934 wurde der »Streifendienst« eingerichtet. Betreut wurde dieses Projekt durch die SS. Nach Heinrich Himmlers Vorstellungen sollten ab 1938 immer die besten 18-jährigen HJ-Abgänger als Freiwillige der SS beitreten; zum SA-Sicherheitsdienst in Lenggries: siehe Fußnoten 256 und 257.
129 Gebiet 19, Hochland, 1934, S. 9.
130 Ebd., S. 10.
131 Ebd., S. 11.
132 Ebd.
133 C. Dörner, im Auftrag der Reichsjugendführung (Hrsg.), Freude, Zucht, Glaube. Handbuch für die kulturelle Arbeit im Lager, Potsdam 1937, S. 10.
134 Ebd., S. 12.

135 Gebiet 19, Hochland, 1934, S. 28.
136 Murnauer Tagblatt, 28.7.1934; Murnauer Tagblatt, 30.5. 1934: In der Gemeinderatssitzung am 30.5.1934 erwog Emil Klein noch Filtrieranlagen für das Wasser aus dem Riegsee. Danbeben schwebte dem Gebietsführer auch die Beleuchtung der Zufahrtswege vor.
137 Gebiet 19, Hochland, 1934, S. 7.
138 BayHStA PrSlg Rehse 449, VB 25./26. Juli 1934.
139 Siehe Plan Murnau 1934 im Anhang.
140 Murnauer Tagblatt, 28.7.1934.
141 Ebd.
142 Murnauer Tagblatt, 5.8.1934.
143 Oberländer Volksblatt 18./19.8.1934.
144 Zeitzeugengespräch mit Maria K. aus Aidling (Jahrgang 1924) am 10.4.2012.
145 Anm. d. Verfassers: In Lenggries wurden ein Jahr später Strohfuhren vom Bahnhof ins Lagergelände angeboten (Tölzer Kurier 2.8.1935). Der Transport vom Bahnhof ins Lagergelände war nötig, da die Strohmengen in der Umgebung nicht ausreichten.
146 http://www.dhm.de/lemo/html/nazi/innenpolitik/index.html (3.5.2013).
147 Oberländer Volksblatt, 21.8.1934.
148 BayHStA PrASlg 449, Rhese Völkischer Beobachter, Nr. 232, 20.8.1934.
149 Ebd.
150 Klein 1985, (Siehe Anm. 109), S. 67.
151 Oberländer Volksblatt, 26.8.1934.
152 Klein 1985, S. 76.
153 BayHStA PrSlg 451, VB 20.8.1934.
154 StadtA Töl, Tölzer Kurier, 2./3.6.1935: Kirchhoff sprach vom »schweren Kampf der HJ«. Aber es habe Erfolge gegeben: »1000 Führer« konnten gewonnen werden. In diesem Jahr werde die Arbeit in Lenggries »fortgesetzt«.
155 F. Ohorn, Verraten, verheizt, verkauft – das Schicksal der HJ. Mit welchen Methoden die Nazis im Landkreis junge Leute rekrutiert haben / Hochlandlager in Lenggries und Königsdorf, in: Süddeutsche Zeitung, Nr. 182, 8./9.8.1992.
156 StadtA Töl, Tölzer Kurier, 5.6.1935.
157 Völkischer Beobachter, Nr. 190, 14.7.1935.
158 StAM LRA 134326, Gebiet 19, Hochland, Lagerordnung Hochlandlager 1935, S. 5, S. 17 (Organigramm).
159 Ebd., S. 15.
160 StadtA Töl, Tölzer Kurier, 2.8.1935.
161 StadtA Töl, Tölzer Kurier gab den 11.7.1935 an.
162 StadtA Töl, Tölzer Kurier, 5.6.1935.
163 StAM LRA 134326, Erlass des Bezirksamts Bad Tölz zum Schutz des Hochlandlagers, 6.7.1935.
164 Völkischer Beobachter Nr. 190, 14.7.1935.
165 Bettina Stangneth, Eichmann vor Jerusalem. Das unbehelligte Leben eines Massenmörders, Haburg 2014, 152ff.
166 Ebd., S. 153.: Im Anhang dieses Buches erwähnt Frau Stangneth eine Zeitzeugin, die der Autorin gegenüber erwähnt habe, so eine Häkelanleitung besessen zu haben.
167 StadtA Mü. BuR 1927, Schreiben der Abteilung Ausland der Reichsjugendführung an den Oberbürgermeister Karl Fiehler.

168 Michael Buddrus, Totale Erziehung für den totalen Krieg. Hitlerjugend und nationalsozialistische Jugendpolitik I/II, Berlin 2002, S. 743, BArch NSD 8/43, Bl. S. 47ff. (Statistik der Auslandsorganisationen), 30.6.1939 geheim. Unter Führung der NSDAP-AO stehende Hitlerjugendverbände gab es in Holland, der Schweiz, in Italien, in Asien und China, in Japan, in Argentinien, in Chile, in Kenia, in Palästina. AO-geführte HJ-Organisationen bestanden bis Kriegsbeginn in Ägypten, Argentinien, Belgien, Bolivien, Großbritannien, Guatemala, Holland, Irland, Italien, Japan, Jugoslawien, Kenia, Kolumbien, Kuba, Lettland, Litauen, Luxemburg, Mandschuko, Mexiko, Palästina, Paraguay, Peru, Polen, Portugal, Rumänien, Schweden, Schweiz, Spanien, Türkei, Ungarn, Uruguay und Venezuela. Zumindest bis 1938 bestand die etwas exotisch wirkende HJ-Organisation in Südwestafrika. Vertreter der HJ-Südwest besuchten den Reichsparteitag in Nürnberg. Nach einem Treffen mit Fahnen und Uniform in Windhuk im Juli 1934 erließ der Gouverneur der Südafrikanischen Union ein Verbot. Ab Mai 1935 durfte die Gruppe sich als »Bund Deutscher Pfadfinder von Südwestafrika« neu organisieren.

169 Ebd., S. 745.

170 StadtA Mü. BuR 1927, Programm zum Aufenthalt der Gäste im Hochlandlager.

171 Völkischer Beobachter, Nr. 221, 9.8.1935.

172 StadtA Mü. BuR 1927, Programm zum Aufenthalt der Gäste im Hochlandlager.

173 Ebd.

174 StadtA Töl, Tölzer Kurier, 14.8.1935.

175 Horst Möller/Volker Dahms/Hartmut Mehringer (Hrsg.), Die tödliche Utopie: Bilder, Texte, Dokumente, Daten zum Dritten Reich, München 2002, S. 489–491.

175a Klein 1985, S. 62; Information von W. Kraus (1924–2011), Teilnehmer am Hochlandlager 1934 in Murnau, 1936 in Königsdorf und am Bannlager 1937 am Lauterseee bei Mittenwald, Gespräch am 17.6.2004 (Gedächtnisprotokoll).

176 Wolfratshauser Tagblatt 13.7.1936. Nr. 204, 21.7.1936.

177 BayHStA PrASlg 451 Völkischer Beobachter Nr. 210, 28.7.1936.

178 Klein 1985, S. 62: Ausbildungsplan; Klönne 2003, S. 28f.: »Nicht ohne Einfluß auf die HJ blieb die Einführung der allgemeinen Wehrpflicht in Deutschland und die Arbeitsdienstpflicht am 26. Juni 1935. Durch diese Maßnahmen wurde ein einheitliches und verpflichtendes Erfassungssystem zumal für die männliche Jugend geschaffen, in dem auch die HJ ihren Platz auszufüllen hatte. Nicht von ungefähr erklärte Schirach im Zusammenhang mit der Einführung der Wehr- und Arbeitspflicht, daß nunmehr die Notwendigkeit einer ›qualifizierten‹, d.h. planmäßig, einheitlich und reglementiert ausgebildeten Führerschaft für die HJ noch klarer als zuvor an den Tag trete.«

179 IfZ Db 044.002 1934 Reichsjugendführung (Hrsg.), Verordnungsblatt Folge 83, 2. Jahrgang, Berlin 15.1.1934.

180 Wolfratshauser Tagblatt, 13.7. 1936.

181 Klein 1985, S. 62; BayHStA GSTA MA 106 539, Stöckls Brief an Siebert und Epp; StAM LRA Tölz, Hitlerjugend, Stöckls Brief an Fergg 11.12.1939; Zeitzeugengespräch mit Hr. G. Weinbuchner, Osterhofen: Hans Hellmuth – seit 1930 leitete er den Bann München Mitte (L) – fungierte sicher nicht nur als K-Leiter im Wehrertüchtigungslager, sondern auch als Lagerleiter.

182 BayHStA PrASlg 451, Völkischer Beobachter, Nr. 137, 16.5.1936.

183 Gebiet 19 (Hrsg), Disziplin und Glaube. Hochlandlager 1936 (München 1936), »Die Lagerpolizei«.
184 Wolfratshauser Tagblatt, 10.5.1936.
185 Klein 1985, S. 62.
186 Gebiet 19 (Hrsg), Disziplin und Glaube. Hochlandlager 1936, München 1936, »Sonderausbildung«.
187 F. Ohorn, Die jungen »Herrscher der Lüfte«. Wie die NS-Propaganda die Flugleidenschaft Jugendlicher für ihre Zwecke nutzte, in: Süddeutsche Zeitung, Nr. 65, 18./19.3.1995.
188 BayHStA PrASlg 451, Völkischer Beobachter, 21.7.1936; Besuch des Sturmes »Totenkopf«, in: Völkischer Beobachter, Nr. 220, 6.8.1936
189 BayHStA PrASlg 451, Völkischer Beobachter 27.8.1936.
190 BayHStA PrASlg 451, Völkischer Beobachter Nr. 354, 19.12.1936.
191 StadtA Mü BuR 1927, Einladung zur Übergabe des ersten von der HJ in München erbauten Luftschutzraums an der Landwehrstraße am 26.11.1934.
192 Gebiet 19 (Hrsg), Disziplin und Glaube. Hochlandlager 1936 (München 1936), »Sonderausbildung«.
193 BayHStA PrASlg 451, Völkischer Beobachter, Nr. 234, 21.8.1936.
194 BayHStA PrASlg 451, Völkischer Beobachter, Nr. 196, 15.7.1937.
195 StAM, Gebiet 19, Hochland, Lagerordnung 1934 (München 1934), S. 12.
196 Ebd.
197 Ebd.
198 Ebd., S. 8.
199 Privatbesitz: Gebiet Hochland, Abteilung P [Hrsg.], Lagerzeitung 1, erschienen am 11.8.1934.
200 Ebd.
201 Zeitzeugendokument (Tippelt), in: Tondokument Jugendbildungsstätte Hochland. Damals, hier und heute. Der 8.8.1942.
202 Zeitzeugengespräch mit W. Kraus; Gespräch am 17.6.2004 (Gedächtnisprotokoll).
203 IfZ Db 044.002-1934, Verordnungsblatt der Reichsjugendführung (Hitlerjugend) Folge 107, 2. Jahrgang Berlin 15.3.1934; im Programmheft für das Hochlandlager 1936 wird das Ziel klar genannt: Gebiet 19 Hochland (Hrsg.), Disziplin und Glaube (München 1936), »Körperliche Ertüchtigung«: »Was würden einem Springer gute Sprungleistungen über 4–5 Meter auf dem Sportplatz nützen, wenn er im entscheidenden Augenblick nicht über einen 3 Meter breiten Wassergraben zu springen wagt. Dies entscheidet nicht die Stilreinheit des Sprunges oder ein Können auf der Sprungbahn eines gepflegten Sportplatzes, sondern der Mut, die Entschlossenheit und Zielsicherheit. Und ebenso wenig würde das Können einzelner Kameraden von nutzen sein, wenn nicht die ganze Mannschaft es fertig bringt, über den Wassergraben zu springen.«
204 H. Seybold, Presse- und Propagandaabteilung des Gebietes 19. Hochland (Hrsg.), »Disziplin und Glaube. Hochlandlager 1936, München 1936, Blatt »Körperliche Ertüchtigung«.
205 Zeitzeugengespräch (Tippelt), in: Tondokument: Jugendbildungsstätte Hochland. Damals, hier und heute. Der 8.8.1942.
206 RJF, Ausbildungsprogramm für das Führerlager 1938, S. 13.
207 Buddrus 2002, S. 182f.

208 C. Dörner, im Auftrag der Reichsjugendführung [Hrsg.], Freude, Zucht, Glaube. Handbuch für die kulturelle Arbeit im Lager, Potsdam 1937.
209 Ebd., S. 63.
210 Ebd., S. 74.
211 Ebd., S. 63.
212 Ebd., S. 70.
213 Gebiet Hochland, Lagerzeitung 2, 21.8.1934; zum Antisemitismus der Münchner HJ: M. Buddrus 2002, S. 21–25.
214 V. Hellfeldt 1987, S. 49.
215 Klönne 2003, S. 66.
216 Murnauer Tagblatt, 6.6.1933.
217 Weilheimer Tagblatt, 19.3.1933.
218 IfZ Db 044.067, Gebietsbefehl 3 / 28 am 12.7.1938: Am 21.7.1938 fand ein stilles Gedenken am Grab Walter Pröbstles statt, der beim Gebietstreffen 1933 verunglückt war.
219 IfZ C. Dörner, im Auftrag der RJF (Hrsg.), Freude, Zucht, Glaube. Handbuch für die kulturelle Arbeit im Lager, Potsdam 1937, S. 35.
220 Zeitzeugengespräch (Tippelt), in: Tondokument: Jugendbildungsstätte Hochland. Damals, hier und heute. Der 8.8.1942.
221 Zeitzeugengespräch, in: ebd.
222 Arndt Weinrich, Der Weltkrieg als Erzieher. Jugend zwischen Weimarer Republik und Nationalsozialismus, Düsseldorf 2013.
223 Gebiet Hochland, Abteilung P [Hrsg.], Lagerzeitung 2, 21.8.1934.
224 Klein, in: Pantel 1935, (Siehe Anm. 109) S. 42.
225 Tölzer Kurier, 14.8.1935; Anm. d. Verf.: Werner Beumelburg (1899–1963) begann als Zeitungsmitarbeiter seine Karriere als Schriftsteller. Mit »Sperrfeuer um Deutschland« und »Gruppe Bosemüller« verfasste er zwei deutschnationale Frontromane. Die Bücher wurden als nationalistisch und antidemokratisch bezeichnet. Im Gegensatz zu Remarqués Roman »Im Westen nichts Neues«, ein Buch, in dem der die schweren Verletzungen und der ganze Schrecken des Krieges für den Einzelnen geschildert werden, findet der Leser davon in Beumelbergs Werk »Sperrfeuer um Deutschland« nichts.
226 StadtAWM, Weilheimer Tagblatt, 8.6.1943, Erinnerungen an die Kampfzeit.
227 Siehe BARCHBDC / SSO / Walther Fischer wurde mit der Nummer »354.184« in die SS aufgenommen; StadtAWM, Weilheimer Tagblatt 4.4.1943, Walther Fischer, ein alter Kämpfer des Führers, ist gefallen.
228 Siehe: Christopher R. Browning, Ganz normale Männer. Das Reserve-Polizeibataillon 110 und die »Endlösung«in Polen, Rheinbek bei Hamburg 2006.
229 MAM, Murnauer Tablatt, 28.7.1934.
230 IfZ Db 044.67: Gebietsbefehl 1.6.1938: Das Fähnlein Widdember wurde vier Jahre nach dem ersten Hochlandlager zum Jungstamm Widdember erhoben und unterstand »einsatzmäßig« und »befehlsmäßig« immer noch dem Oberjungbannführer Richard Etzel.
231 Gebiet Hochland, Lagerzeitung 2, 21.8.1934, Inserat, 4.
232 E. Keppler, Das Thingspiel, in Wille und Macht 3, 1935, S. 16–18.
233 Gerhard Pantel, Potempa-Beuthen. Ein Signal für alle Deutschen, München 1932.
234 Gerhard Pantel, Befehl Deutschland. Ein Tagebuch vom Kampf um Berlin, München 1936.

235 Gerhard Pantel, Fähnlein Langemarck, München 1934.
236 Landesarchiv Berlin: A Rep. 358-01-Nr. 1283: »Pantel und Schlägerei zwischen KPD und NSDAP in Stralauer Straße am 18.8.1932;
237 Pantel 1934, S. 5.
238 Ebd., S. 19.
239 Ebd.
240 Ebd., S. 22f.
241 Ebd., S. 29.
242 Ebd., S. 34.
243 Ebd., S. 40.
244 Ebd., S. 44.
245 Ebd., S. 46.
246 Ebd., S. 47.
247 Ebd., S. 49.
248 Ebd.
249 Gebiet Hochland, Lagerzeitung 2, 21.8.1934.
250 Ebd.
251 Im Hochlandlager 1936 in Königsdorf befasste sich Gerhard Pantel mit dem Bayernherzog Heinrich dem Löwen. Es ging um den Konflikt zwischen Heinrich dem Löwen und seinem Onkel, Bischof Otto von Freising; zu Heinrich dem Löwen und Otto von Freising: siehe Helmuth Stahleder, Herzog- und Bürgerstadt. Die Jahre 1157–1505, in: Richard Bauer, Stadtarchiv München [Hrsg.], Chronik der Stadt München. Band 1, München 2005, 7f. Dieses Thingstück befasste sich kaum mit dem mittelalterlichen Konflikt, sondern beteiligte sich an der Propaganda-Offensive der NSDAP gegen die katholische Kirche. Peter Longerich, Goebbels. Biografie, München 2010, S. 333ff.
252 Wessel, Politika, 60, zitiert in: D. Siemens, Horst Wessel. Tod und Verklärung eines Nationalsozialisten, München 2009, S. 88.
253 GStA PK I HA, Rep. 84a Justizministerium, Nr. 515996, Bl. 63-114, hier Bl. 105, zitiert in: Horst Wessel. Tod und Verklärung eines Nationalsozialisten, München 2009, S. 88.
254 Peter Longerich, Die braunen Bataillone, München 1989, S. 121.
255 Daniel Siemens: Horst Wessel. Tod und Verklärung eines Nationalsozialisten, München 2009, S. 88.
256 (Anm. d. Verf.) gute Darstellung zum Mythos von Horst Wessel bei Siemens 2009.
257 R. G. Reuth [Hrsg.], Joseph Goebbels Tagebücher 1924–1945, Band 2, Eintrag 19.1.930, München 2003, S. 447.
258 Siemens 2009, S. 219.
259 Ebd., S. 223.
260 Dörner Claus, S. 98.
261 Kraus Werner, Karl der Kleine. Geschichte einer Jugend, St. Ottilien 2003, 42.
262 (IfZoo / W 284), Claus Dörner, Freude, Zucht. Glaube. Handbuch über die kulturelle Arbeit im Lager, Potsdam 1937, 57.
263 Ebd., S. 28.
264 Zeitzeugengespräch geführt von Dr. Elisabeth Tworek im Auftrag des Bayerischen Rundfunks mit Dr. Richard Wick, Teilnehmer am Hochlandlager 1934 in Aidling / Riegsee 1934 am 5. April 2002.

265 Gebiet Hochland, Abteilung P (Hrsg.), Lagerzeitung 2, 21.8.1934, »Lagerzirkus Holala«.

266 (IfZoo/W 284) Claus Dörner, Freude, Zucht. Glaube. Handbuch über die kulturelle Arbeit im Lager, Potsdam 1937, 144.

267 Ebd.

268 Ebd.

269 Ebd., S. 147.

270 Ebd., S. 150f.

271 Ebd., S. 154.

272 Ebd.

273 Bjoern Weigel: Bernhard Weiß. In: Wolfgang Benz [Hrsg.]: Handbuch des Antisemitismus. Judenfeindschaft in Geschichte und Gegenwart. Band 2: Personen, Berlin 2009, S. 880–882; Michael Berger: *Bernhard Weiß, preußischer Jude und Offizier*. In: *Eisernes Kreuz und Davidstern. Die Geschichte Jüdischer Soldaten in Deutschen Armeen*. Trafo Verlag, Berlin 2006, S. 203–207. http://www.bundjuedischersoldaten-online.com/40582/41423.html (19.6.2017).

274 Gebiet Hochland, Abteilung P [Hrsg.], Lagerzeitung 2, 21.8.1934.

275 StAM LRA 192197, Monatsbericht der Gendarmerie 2.11.1936.

276 Zeitzeugengespräch mit Franz B. (Jahrgang 1930), Wolfratshausen, Gedächtnisprotokoll.

277 STAM LRA 134056: Monatsbericht der Gendarmerie-Station Lenggries, 1.8.1935.

278 Ebd., 27.8.1935.

279 Ebd.

280 Ebd., 25.9.1935; Zeitzeugengespräch mit Bolzmacher, Unterfischbach, am 10.6.2012.

281 Zeitzeugengespräch mit Franz B. (Jahrgang 1930), Wolfratshausen, (Gedächtnisprotokoll).

282 Zeitzeugengespräch mit Frau Monika P., geb. 1930, lebte damals (1944) in Obersöchering.

283 Klönne 2003, S. 127: Da viele ehemalige Führer Bündischer Gruppen in das Deutsche Jungvolk eingetreten waren und das Jungvolk wohl deshalb zwischen 1933 und 1936 einen großen Aufschwung erlebt hatten, griff die Reichsjugendführung ein. Künftig gab es keinen »Reichsjungvolkführer« mehr. Später gab es auch keine »Gebietsjungvolkführer« mehr.

284 Zeitzeugengespräch mit Frau Angelika G. Murnau, Jahrgang 1927, 6.6.2012.

285 Zeitzeugengespräch mit Erich S. (Seehausen am Staffelsee) am 10.7.2012.

286 IfZ Db 44.60 RJF (Hrsg)., Aufbau und Abzeichen der Hitlerjugend, Berlin 1942, S. 77.

287 Ebd., S. 82.

288 Arbeitskreis Geschichte Weyarn (Hrsg.), Chronik V, S. 198–206.

289 StAA NSDAP-Gau Schwaben/HJ-Gebiet Schwaben 97, Rundschreiben zur Urlaubsregelung des Stellvertretenden Generalkommandos des VII. AK vom 3.11.1943.

290 HJ-Gebiet 19, RJF (Hrsg.), Ausbildungsplan Hochlandlager 1938, S. 15:
»1. a) Leibesübungen: b) Weitsprung: 3,25 m; c) Schlagballweitwerfen: 35 m; d) Klimmziehen: 2 mal; e) Bodenrollen 2 Mal vorwärts, 2 Mal rückwärts […] f) 1.000 m Lauf nicht unter 4,30 Min., nicht über 5,30 Min.; g) Radfahren (nur Nachweis erforderlich); Buddrus 2002, Bedingungen für den Erwerb des silbernen HJ-Leistungsabzeichens 1935: »Leibesübungen: 100 m-Lauf in 14,5 Sekunden, 3000 m-Lauf in 14,30 Minuten,

Weitsprung 4 m, Keulenweitwurf 30 m, Kugelstoßen 7 m, Klimmziehen 3 mal, Streckenschwimmen 300 m in 12 Minuten oder Dauerschwimmen 15 Minuten oder Radfahren 20 km in 60 Minuten […].«
2. Fahrt und Lager a) eine Tagsfahrt nicht über 20 km mit leichtem Gepäck (nicht über 5 kg), nach 10 km eine Pause von mindestens drei Stunden. b) Teilnahme an einem Zeltlager von mindestens 3-tägiger Dauer. c) Bau eines Dreierzeltes und Mitarbeit am Bau eines Zwölferzeltes. D) Anlegen einer Kochstelle; Wasser zum Kochen bringen. e) Kenntnis der wichtigsten Baumarten. f) Einrichten der Karte nach Gestirnen. g) Kenntnis der wichtigsten Kartenzeichen des Messtischblattes 1 : 25 000 (Wald, Strassen, Eisenbahnen, Brücke und Schichtlinien). h) Anschleichen und Melden. 3. Zielübungen: Schlagballzielwerfen, Entfernung 8 m, Ziel 60 x 60 cm. Bedingung: 5 Würfe = 3 Treffer.«

291 HJ-Gebiet 19, RJF (Hrsg.), Ausbildungsplan Hochlandlager 1938, S. 9.

292 G. Usadel, Deutschlands Werden. Überschau und nationalsozialistische Wertung, Leipzig 1939, 1; Völkischer Beobachter, Nr. 237, 24.8.1934: Auch Dr. Usadel gehörte zu den Besuchern des Hochlandlagers 1934 in Murnau.

293 BayHStA PrASlg 451, Völkischer Beobachter, Nr. 210, 28.7.1936.

294 HS. Rebenich, Alte Geschichte in Demokratie und Diktatur. Der Fall Helmut Berve, in: Chiron 31, 2001, S. 467f.; ebd., S. 470: Prof. Helmut Berve trat am 1.5.1933 in die NSDAP ein; ebd., S. 482: Der Professor weigerte sich als Leiter des Althistorischen Instituts der Universität Leipzig, Dozentenstellen nach Maßgabe der Partei zu besetzen. Dies geschah nicht aus einer Widerstandshaltung gegenüber der NS-Ideologie, sondern aufgrund der Rivalitäten innerhalb der Parteigrößen. Prof. Berve hält auch weiterhin Vorträge vor Gliederungen der NSDAP. »Rom und Carthago« lautet der Titel eines Vortrages. In diesem Vortrag führte Berve den Konflikt auf »fanatische Rassenfeindschaft« und »abgrundtiefen Völkerhass« zurück. Das letzte Mal hält Berve den Vortrag am 24.9.1944 auf einer Gaudozententagung am Starnberger See.

295 H. Berve, Der Reichsgedanke, in: Reichsjugendführung (Hrsg), Wille und Macht. Halbmonatszeitschrift des jungen Deutschland, Heft 5 / 6, Jahrgang 2, März 1934, S. 16–18.

296 Ernst Piper, Alfred Rosenberg. Hitlers Chefideologe, München 2005, S. 207ff.

297 HJ-Gebiet 19, RJF (Hrsg.), Ausbildungsplan Hochlandlager 1938, S. 22.

298 IfZ Db 44.34: RJF, Arbeitsrichtlinien der Hitlerjugend. Weg und Aufbau der Führerausbildung, Berlin 1942, S. 13.

299 Wolfratshauser Tagblatt, 13.7.1936.

300 HJ-Gebiet 19, Reichsjugendführung (Hrsg.), Ausbildungsplan Hochlandlager 1938, S. 24.

301 Reichsjugendführung (Hrsg.), Pimpf im Dienst. Ausbildungsvorschrift für die Ertüchtigung der Deutschen Jugend, Berlin 1940, S. 24.

302 Kater 2005, S. 50.

303 Ebd.

304 Zeitzeugengespräch am 30.6.2012 mit Frau Angelika G., Murnau, Jahrgang 1927, Teilnehmerin am BDM-Hochlandlager 1942.

305 Gesetz über die Hitlerjugend (01.12.1936), in: documentArchiv.de [Hrsg.], URL: http://www.documentArchiv.de/ns/1936/hj_ges.html, Stand: 26.1.2017.306

307 RGBl. I, S. 710.

308 Murnauer Tagblatt, 30.5.1934.

309 E. Klein, in: G. Pantel 1935, S. 14.

310 BayHStA MInn 71799, Anweisung des Staatsministeriums des Innern zur Auszahlung von 200 RM an Herrn Gebietsführer Emil Klein vom 29.8.1933; diese Summe war sicher nicht der einzige Betrag, der zur Auszahlung kam.

311 E. Klein, in: G. Pantel 1935 (siehe Anm. 110), S. 14.

312 E. Klein 1985 (siehe Anm. 109), S. 53; die Namen stammen aus der Broschüre Klein 1934 (siehe Anm. 195).

313 BayHStA PrASlg 449, Völkischer Beobachter, 19.8.1934.

314 E. Klein 1985 (siehe Anm. 109), S. 54.

315 Ebd., S. 57.

316 STAM NSDAP 38, Revisionsbericht der Vermögensverwertung München GmbH in Liquidation für den Zeitraum 1.9.1940 / 31.8.1942, in: G. Modert, Motor der Verfolgung – Zur Rolle der NSDAP, in: A. Baumann / A. Heusler (Hrsg.), München arisiert. Entrechtung und Enteignung der Juden in der NS-Zeit (München 2004), S. 165.

317 Klein 1985 (siehe Anm. 109), S. 53.

318 Vitàri, Zsolt, Massensuggestion und Militärdrill. Kapitel aus der Geschichte der Hochlandlager der Hitlerjugend, Pecs 2001, S. 82–85; BArch NS 1 2469 / 2.

319 Ebd.; BayHStA, MK 13985.

320 Zum Beispiel BArch R 43 II / S. 194–196: Brief Schirach an Lammers, 16.6.1938: Schirach bezeichnete 1938 die Situation der HJ als »schlechter als jemals in der Kampfzeit«, zitiert in Vitári 2001 (siehe Anm. 318), S. 81.

321 BArch NS 1 / 2469,2, Haushalt des Hochlandlagers 1935; BayHStA MK 13985: Aufwendungsnachweis für das Hochlandlager 1937.

322 SadtA BuR; Schreiben Karl Fiehlers an Emil Klein 1.9.1934.

323 BArch NS 1 / 2469, Kopie eines Entwurfes für den Kaufvertrag zwischen der NSDAP und der Landeshauptstadt München.

324 BArch NS 1, 2469 / 2, Brief des Reichskassenverwalters der Reichsjugendführung an den Reichsschatzmeister der NSDAP Schwarz, 12.2.1936: Ankauf eines Geländes für das Hochlandlager. Es lässt sich nicht nachweisen, ob dieser Entwurf angenommen wurde.

325 Kopie des Grundbuchs der Gemeinde Osterhofen, Band 3: Erwerb des Geländes durch die NSDAP am 10.11.1938

326 StAM LRA 5171, Forderungen des HJ-Gebietes 19 an den Bezirk Weilheim vom 9.6.1939.

327 StAM Bpl. 1943 / 196, Schreiben vom 11.3.1940, NSDAP HJ-Gebiet 19, Hochland, an den Bürgermeister der Marktgemeinde Murnau.

328 StAM LRA 5171, Bauplan Duplikat 1943 / 196 vom 21.1.1944.

329 StAM LRA 192197, Monatsbericht der Gendarmerie Murnau, 2.11.1936.

330 Gebiet 19 (Hrsg), Disziplin und Glaube. Hochlandlager 1936 (München 1936), »Jeder Junge ist in einer Karthotek geführt«.

331 Zeitzeugengespräch mit Werner K. (Jahrgang 1922), Murnau, am 12.7.2005 (Gedächtnisprotokoll).

332 Zeitzeugengespräch mit Werner K., Murnau, am 12.7.2005 (Gedächtnisprotokoll).

333 Gebiet 19 Hochland, Lagerordnung Hochlandlager 1934.

334 StAM LRA 134326, Gebiet 19, Hochland, Lagerordnung Hochlandlager 1935, 5, 15: Es wurden drei Kategorien von Verstößen geschaffen. »Übertretungen der Lagerordnungen«, wie Rauchen im Lagerbereich, »Verstöße gegen die Lagerordnung«, wie »grobe Diszip-

linlosigkeit« oder »Verstöße gegen die Kameradschaft« und »Wiederholungsfälle« von Übertretungen. »Verstöße gegen die Lagerordnung« und »Grobe Verstöße gegen die Lagerordnung und kriminelle Handlungen«. »Übertretungen« konnten mit Strafdiensten, wie Botendiensten geahndet werden. »Verstöße gegen die Lagerordnung führten zur Einweisung in die Strafschar durch den Lagerinspektor oder die Oberste Lagerleitung. Der Mindestaufenthalt umfasste einen Tag, der längste Aufenthalt drei Tage.

335 Ebd., S. 15f.

336 Viatrí 2001, S. 72.

337 Jutta Rüdiger, Die Hitlerjugend und ihr Selbstverständnis im Spiegel ihrer Aufgabengebiete, Koblenz 1983, S. 111.

338 M. Buddrus, »Wir fahren zum Juden Geld holen«, in: Jahrbuch des Archivs der Deutschen Jugendbewegung 18 1993 – 1998, 67.

339 StAM LRA Bericht des Bezirksamtes Bad Tölz an die Regierung von Oberbayern, 6.6. 1935.

340 StAM SpKa Karton 1001: das Schreiben eines Rechtsanwaltes zitiert Zeugin Traudl F., die Lahr 1939 oder 1940 Widerwillen gegenüber der Judenpolitik der NSDAP attestiert.

341 StAM SpKa 322, Hildegard Dziewas Auszug aus der Gemeinderatssitzung am 22.8.1946.

342 IfZ Db 44.34 Reichsjugendführung [Hrsg.], Arbeitsrichtlinien der Hitlerjungend. Die weltanschauliche Schulung in den Bannausbildungslagern, Berlin, Dezember 1944, 3–8.

343 E. Klein 1985 (siehe Anm. 109), S. 55: Klein beschrieb den Vorgang: »1936 konnte ich ein Gelände an der Isar bei Königsdorf käuflich für meine Hochlandlager erwerben. Der Münchner Stadtrat und Direktor des Schlachthofes gab mir damals einen Tip bei der Stadt dieserhalben ›anzuklopfen‹. Ich tat es bei Oberbürgermeister Fiehler mit Erfolg.«

344 Gemeinde Königsdorf (Hrsg.), Heimatbuch, S. 82.

345 Siehe Grundbuch Osterhofen, Band 3; StAM LRA 134326, Schriftwechsel zwischen den Bezirksämtern Tölz und Wolfratshausen 1936–1937.

346 STAM LRA 40656, Schreiben des Landrates von Wolfratshausen an den Regierungspräsidenten vom 29.11. 1940: Landwirten drohe der »Existenzverlust«.

347 Klein 1985 (siehe Anm. 109), S. 60: Klein liefert im Rückblick eine etwas ausführlichere Schilderung der Anlagen: Die zentrale Kochhalle mit anschließendem Arbeitsraum – Warenmagazin – Kühlräume – Kartoffel-, Kohlen- und Maschinenraum – hat eine Länge von 65 Meter mit einer Breite von 12 Meter, zu beiden Seiten eine An- und Abfahrtsstraße von je 3 Meter Breite, insgesamt einer Fläche von 780 Quadratmeter; weitere Informationen in: Völkischer Beobachter Nr. 209, 14.7.1935: Informationen zur Versorgung des Hochlandlagers 1935 in Lenggries.

348 Wolfratshauser Tagblatt, 16.5.1936.

349 BArch NS 1 2469 / 2.

350 F. Ohorn, Die jungen »Herrscher der Lüfte«. Wie die NS-Propaganda die Flugleidenschaft Jugendlicher für ihre Zwecke nutzte, in: Süddeutsche Zeitung Nr. 65, 18. / 19.3.1995.

351 Gebiet 19 (Hrsg), Disziplin und Glaube. Hochlandlager 1936 (München 1936), »Die ärztliche Betreuung«.

352 Gebiet 19 (Hrsg), Disziplin und Glaube. Hochlandlager 1936 (München 1936), »Die Nachrichtler«.

353 Gebiet 19 (Hrsg), Disziplin und Glaube. Hochlandlager 1936 (München 1936), »Die Lagerpost ist da!«.

354 StAM LRA 134326, Schreiben des HJ-Gebiets 19 an Bezirksamt Wolfratshausen vom 15.5.1937; Schreiben des HJ-Gebietes 19 an Bezirksamt Wolfratshausen: der Antrag wurde in einem zweiten Schreiben gefordert.

355 StAM LRA 134326, Amtsblatt des Bezirks Wolfratshausen 22.11.1937.

356 Zeitzeugengespräch mit Hr. Georg. W. am 13.6.2012: Herr W. meinte, dass bemannte Segelflugzeuge dort nicht lange geflogen wurden, da die Bedingungen zu schlecht waren.

357 BayHStA PrASlg 451, Völkischer Beobachter, Nr. 196, 15.7.1937.

358 Ebd.

359 IfZ Db 044.067 Gebiet 19, Hochland, Gebietsbefehl 1.6.1938, S. 1–3.

360 IfZ Db 044.067 Gebiet 19, Hochland, Gebietsbefehl 1.6.1938 A 11/38, »Führerlager 1938«.

361 Ebd.

362 Ebd.

363 Ebd., Punkt 2 der Ausführungsbestimmunengen.

364 Gebiet 19, Hochland (Hrsg.), Ausbildungsplan Hochlandlager 1938, S. 2.

365 Ebd., S. 17f.

366 Ebd., S. 24.

367 IfZ Db 044.067, Gebietsbefehl zum Adolf-Hitler-Marsch 1.8.1938.

368 http://www.buergervereinigung-landsberg.de/stadtderjugend/dokufilm.htm [zuletzt geöffnet am 3.5.2013].

369 IIfZ Reichsjugendführung (Hrsg.), Aufbau und Abzeichen der Hitlerjugend (Berlin 1939), S. 32.

370 Buddrus 2002 (siehe Anm. 168), S. 185.

371 Wolfratshausener Tagblatt, 12./13.8.1938: Die HJ-Führer beanspruchten die Geländeausbildung für sich; Buddrus 2002 (siehe Anm. 162), S. 185; BArch ZNS (Verfügung des OKH über die Verwendung der HJ im Mob-Fall, 17.6.1938 geheim); BArch Film, Nr. 10899, Bl. 1173911f.: Mitglieder der Reichsjugendführung beabsichtigten damals die Ausbildung weiterzuführen, auch für den Fall, dass die betreffenden Jahrgänge bereits einberufen sein sollten.

372 STAA NSDAP-Gau Schwaben / HJ-Gebiet Schwaben 97.

373 BayHStA, GStA, MA 106 539 und Stöckls Brief an Siebert und Epp, 12.8.1939; StAM, Akten des Landratsamts Tölz, Hitlerjugend, LRA 134 321, Stöckls Brief an Fergg, 11.11.1939.

374 StAM Slg Varia 1303 / 1: Dienstplan 1941.

375 Zeitzeugengespräch mit Fr. Angelika G., Murnau am 30.6. 2012.

376 BayHStA PrASlg 451, Völkischer Beobachter, Nr., 232, 21.8. 1939.

377 Zeitzeugengespräch mit Franz F. (Jahrgang 1930), 1932–2010, Murnau, damals Weilheim, am 21.7.2005.

378 Rösch 2002, S. 255f.

379 Murnauer Tagblatt, 9.6.1934.

380 StAM LRA 5171, Stärke der HJ Nr. 17455 Bezirksamt Weilheim am 1.9.1936: während 100 Prozent der männlichen Schüler Mitglied in HJ und DJ waren, gehörten nur 27 Prozent der Schülerinnen BDM und Jungmädel an.

381 BayHStA PrASlg 511, Völkischer Beobachter, Nr. 236, 24.8.1935.

382 Wolfratshauser Tagblatt, 13.7.1936.
383 Wolfratshauser Tagblatt, 7.6.1937.
384 Ebd.
385 Zeitzeugengespräch mit Frau Angelika G., Jahrgang 1927, am 30.6.2012.
386 Bericht einer Teilnehmerin in Würmtalbote Nr. 138, 18.6.1937.
387 Ebd.
388 M. Hartmann, Mädel, Sonne, Zelt. Geschichten und Erzählungen um das Mädellager Hochland (Berlin o. J.), S. 7–8. (IfZ, W 282); Der Bund Deutscher Mädel in Dokumenten. Materialsammlung zur Richtigstellung, zusammengestellt von Dr. Jutta Rüdiger, Lindhorst 1984, S. 178. (IfZ, Wq 79).
389 IfZ Db 044.034-1941.12 Arbeitsrichtlinien der HJ. Die Ausbildungsrichtlinien für Mädelführerinnenanwärterinnen.
390 Dagmar Reese, Weibliche Jugendliche in Deutschland und Österreich im Nationalsozialismus, Berlin 2007. S. 18f.
391 Buddrus 2002 (siehe Anm. 168). Im Jungädel und BDM wurde die Rassenthematik vorwiegend unter bevölkerungspolitischen, fortpflanzungsorientierten und sexualhygienischen Gesichtspunkten behandelt. Die Behandlung dieses Themas wurde während des Kriegs sogar intensiviert.
392 Kater 2005, S. 197–210.
393 Zitiert in: Klönne 2003, S. 29.
394 STAA NSDAP-Gau Schwaben / HJ-Gebiet Schwaben, S. 178: Schreiben Emil Kleins aus dem Kultusministerium zu Flakhelfern 1943; hierzu auch: Kater 2005, S. 169.
395 Klönne 2003, S. 193.
396 EAM NL Faulhaber, Brief 3.10.1936.
397 Kater 2005, S. 116f.
398 Klein 1985 (siehe Anm. 109), S. 77.
399 Kater 2005, S. 108.
400 Ebd., S. 118.
401 Ebd., S. 122–124.
402 BArch NS 19 / 219, fol. 71.: Schreiben Himmlers an Heydrich vom 26.1.1942.
403 Elisabeth Tworek / Brigitte Salmen, Ödön von Horváth. Ein Kulturführer des Schlossmuseums Murnau, Murnau 2001, S. 62–65; sehr gute Zusammenfassung in einer Schülerfacharbeit von Anna-Sophie Birzele.
404 StAM Slg Varia 1303 / 1.
405 StAA NSDAP-Gau Schwaben / HJ-Gebiet Schwaben 88: Schreiben der Gebietsführung ab das Stellvertretende Generalkommando des VII. AK in München, 28.4.1944.
406 IfZ Db 44.16 RJF (Hrsg.), Arbeitsrichtlinien der Hitlerjugend. Kriegseinsatz der Hitlerjugend 22 / 42, Berlin 1942, S. 11.
407 Ebd.
408 Zeitzeugengespräch mit Georg W. am 13.6.2012.
409 STAA NSDAP-Gau Schwaben / HJ-Gebiet Schwaben 38: Schreiben des VII. Armeekorps an HJ-Verbindungsoffiziere vom 20.11.1943.
410 STAA NSDAP-Gau Schwaben / HJ-Gebiet Schwaben 38: Rundschreiben des Stellv. Generalkommandos des VII. A. K. an die Einheiten vom 24.2.1943: Die Absolventen von Wehrertüchtigungslagern besäßen nicht nur »Vorkenntnisse in verschiedenen

Sparten der militärischen Ausbildung«, sondern sie seien auch durch die weltanschauliche Schulung »aufgeschlossener und bereitschaftswilliger [sic!]«.

411 StAA NSDAP-Gau Schwaben/HJ-Gebiet Schwaben 127: Rundschreiben (21.11.1942) des Stellv. Generalkommando VII. A.K. (Wehrkreiskommando VII) an Wehrertüchtigungslager HJ-Gebiet 19 und 36.

412 StAA NSDAP-Gau Schwaben/HJ-Gebiet Schwaben 127: Rundschreiben (3.11.1943) des Stellv. Generalkommando VII. A.K. (Wehrkreiskommando VII) an Wehrertüchtigungslager HJ-Gebiet 19 und 36.

413 J. Marbach, in: Arbeitskreis Geschichte Weyarn (Hrsg.), Chronik Band V. Weyarn in Kriegszeiten. Was in der Heimat geschah, Weyarn 2012, S. 197–199.

414 Ebd., S. 208ff.

415 Ebd., S. 210f.

416 STAA NSDAP-Gau Schwaben/HJ-Gebiet Schwaben 85: Schreiben des Gefolgschaftsführers Fritz R. vom 4.4.1944.

417 Ebd.

418 Ebd.

419 Ebd.

420 StAA NSDAP-Schwaben/HJ-Gebiet Schiet Schwaben 77: Schreiben der Reichsjugendführung an die K-Führer aller Gebiete.

421 Kater 2005, S. 182–184: ebd., S. 181: Die SS griff zu sehr drastischen Mitteln der Rekrutierung. In einem Fall wurden Jugendliche von Himmlers mobiler Röntgeneinheit unter der Leitung des SS-Standartenführers Professor Hans Hollfelder auf Tuberkulose untersucht; zur Bestätigung der Teilnahme an der Untersuchung wurden sie aufgefordert, eine Unterschrift zu leisten, durch die sich aber dank eines kleingedruckten Zusatzes gleichzeitig mit der Einberufung zur SS einverstanden.

422 Ebd., S. 191.

423 Zeitzeugengespräch mit Herrn Friedrich G., Jahrgang 1929 (nicht, wie fälschlich angegeben 1930), Gespräch am 5.2.2006.

424 Zeitzeugengespräch mit Hr. Fritz G., Jahrgang 1929, am 5.2.2005.

425 E-Mail vom 15.6.2005 an den Verfasser.

426 Zeitzeugengespräch mit Hr. Georg W., geboren 1931 aus Königsdorf/Osterhofen.

427 www-awagner-online.de/todesmarsch09.htm (30.9.2017).

428 Jim G. Tobias, »Sie sind Bürger Israels«. Die geheime Rekrutierung jüdischer Soldaten außerhalb Palästinas/Israel 1946 bis 1948, Nürnberg 2007.

429 Klein 1985, S. 82.

430 Sterbebild Emil Klein 3.12.1905 bis 22.2.2010.

431 J. Remold, Handbuch für die Hitlerjugend, München 1933; Ders., Geländeaufgaben für die Hitlerjugend, München 1939.

432 Hannes Heer/Klaus Naumann (Hrsg.), Vernichtungskrieg. Verbrechen der Wehrmacht 1941–1944, Hamburg 1997, S. 195.

433 Der Spiegel, 32, 1972, »Idee vom Eckpfeiler«, S. 40–42.

434 Josef Remold, Erlebtes und Erschautes aus sowjetischer Kriegsgefangenschaft, München 1963, S. 7.

435 www.polizei.bayern.de/content/8/2/0/0216_geschichte_wefr.pdf (3.5.2013).

436 Remold 1963; Ders, Mensch und Berg. Ein bessinliches Büchlein für den Sonntag,

München 1959; Ders, Tagebuch eines Bataillonskommandeurs d. III./Gebirgsjäger-Rgt. im Frankreichfeldzug, München 1967.

437 BA Berlin-Lichterfelde, PK, Lorenz Sonderer (22.1.1901), Entscheidung des Gauschatzmeisters Radtke 1.7.1940, S. 3, zitiert in: Konstantin Ferihumer, Der Fall Sonderer, in: Claudia Kuretsidis/Christine Schindler [Hrsg.] Winfried Garscha. Zeithistoriker, Archivar, Aufklärer, Wien 2017, S. 269.

438 StdAM, Personalakt 13036, Meldung der Dienstauszeichnung der NSDAP , 27.2.1941, zitiert in: Konstantin Ferihumer, Der Fall Sonderer, in: Claudia Kuretsidis/Christine Schindler [Hrsg.] Winfried Garscha. Zeithistoriker, Archivar, Aufklärer, Wien 2017, S. 269.

439 Ebd., S. 266.

440 StdAM, Personalakt 13036, Bestätigung der Dienstauszeichnung in Silber, zitiert in: Konstantin Ferihumer, Der Fall Sonderer, in: Claudia Kuretsidis/Christine Schindler [Hrsg.] Winfried Garscha. Zeithistoriker, Archivar, Aufklärer, Wien 2017, 269: Seit 1938 war Lorenz Sonderer Jugendamtmann der Stadt München geworden. Als Jugendoberamtmann, als Oberbannführer der HJ und als Sonderbeauftragter des HJ-Gebietes Hochland hatte Sonderer 1942 den Höhepunkt seiner zivilen Karriere im Nationalsozialismus erreicht, bevor er im selben Jahr an Rückhalt im selbstgeschaffenen Netzwerk verlor, siehe: StDAM 13036, Besprechung zwischen dem Münchner Oberbürgermeister und der Gebietsführung bezüglich der Abberufung Sonderers.

441 WStLA, Volksgericht, A1, Vg 1b Vr 1087/45, zitiert in: Konstantin Ferihumer, Der Fall Sonderer, in: Claudia Kuretsidis/Christine Schindler [Hrsg.] Winfried Garscha. Zeithistoriker, Archivar, Aufklärer, Wien 2017, S. 274.

442 Murnauer Tagblatt, 26./27. Oktober 2017., Auf Distanz zu Würdenträgern mit Nazi-Vergangenheit. Auf Distanz zu Dingler und Sonderer.

443 StAM SpKa 381 Berufungskammer München, III. Senat; Ber.-Reg.-Nr. 5998/48Aktenzeichen I. Instanz V/5847 Auflistung der Karriere

444 StAM SpKa 381, Spruchkammer München V/ 5847 Urteilsspruch 22.10.1948.

445 StAM SpKa 831, Kassationsregister K 10887 Hauptkammer München Berufungskammer München III, Entscheidung vom 31.10.1949, 22.10.1948, 12.1.1949; Urteilsspruch vom 8.5.1950.

446 StAM SpKA 831, Einspruch Richard Etzel an den Kassationshof im Bayerischen Staatsministerium für Sonderaufgaben, 14.4.1950.

447 http://www.zeit.de/1958/10/jba-windeier-im-adlerhorst/seite-2 (20.12.2016).

448 Ebd.

449 http://www.spiegel.de/spiegel/print/d-46266080.html (20.12.2016).

450 http://www.spiegel.de/spiegel/print/d-13525192.html (20.12.2016).

451 StAM Spruchkammern, Karton 4245, Plädoyer des Anwalts vom 20.10.1947.

452 StAM Spruchkammern, Karton 4245, Arbeitsblatt 1271/47.

453 StAM Spruchkammern Karton 4245, Klageschrift vom 10.9.1947.

454 StAM Spruchkammern Karton 4245, Öffentliche Sitzung der Hauptkammer Weilheim Außenstelle Garmisch-Partenkirchen 2.2.1949.

455 https://www.merkur.de/lokales/garmisch-partenkirchen/murnau-ort29105/rat-geht-auf-distanz-zu-dingler-und-sonderer-8819518.html (28.11.2017).

456 Süddeutsche Zeitung 17.8.2017, Bayerns ach so harmlose Öko-Nazis.

Anhang

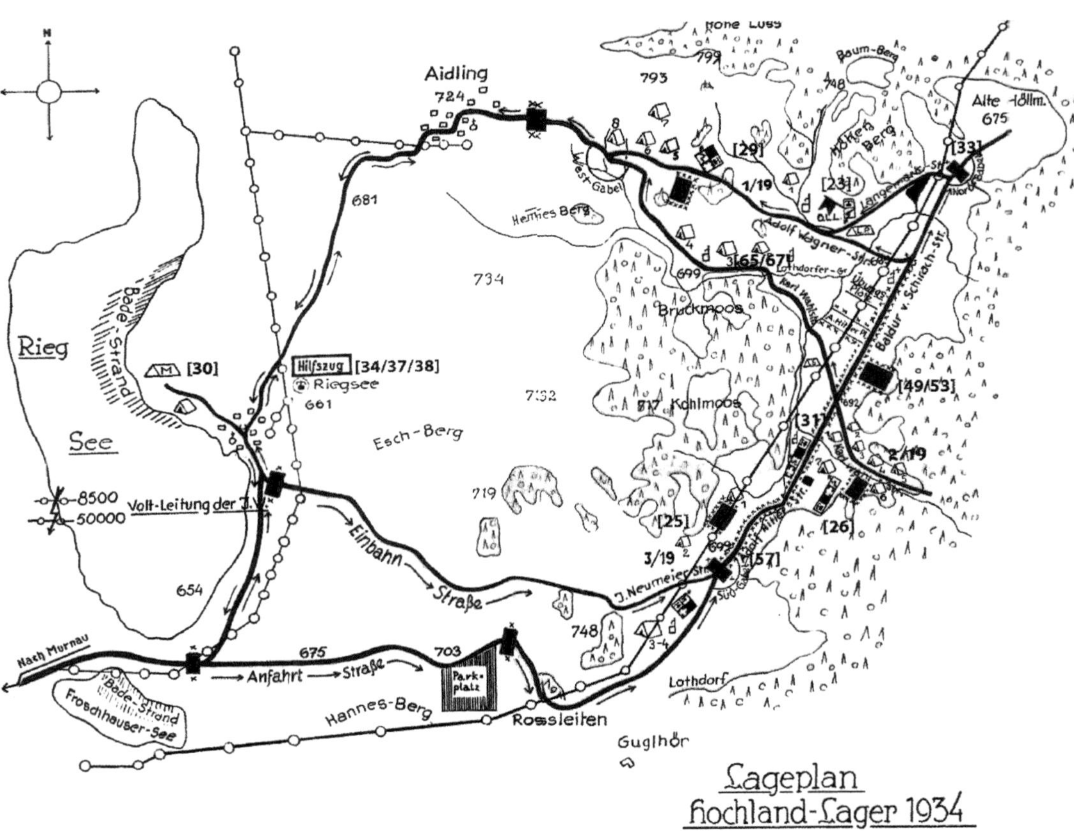

Plan Hochlandlager Murnau, 1934.

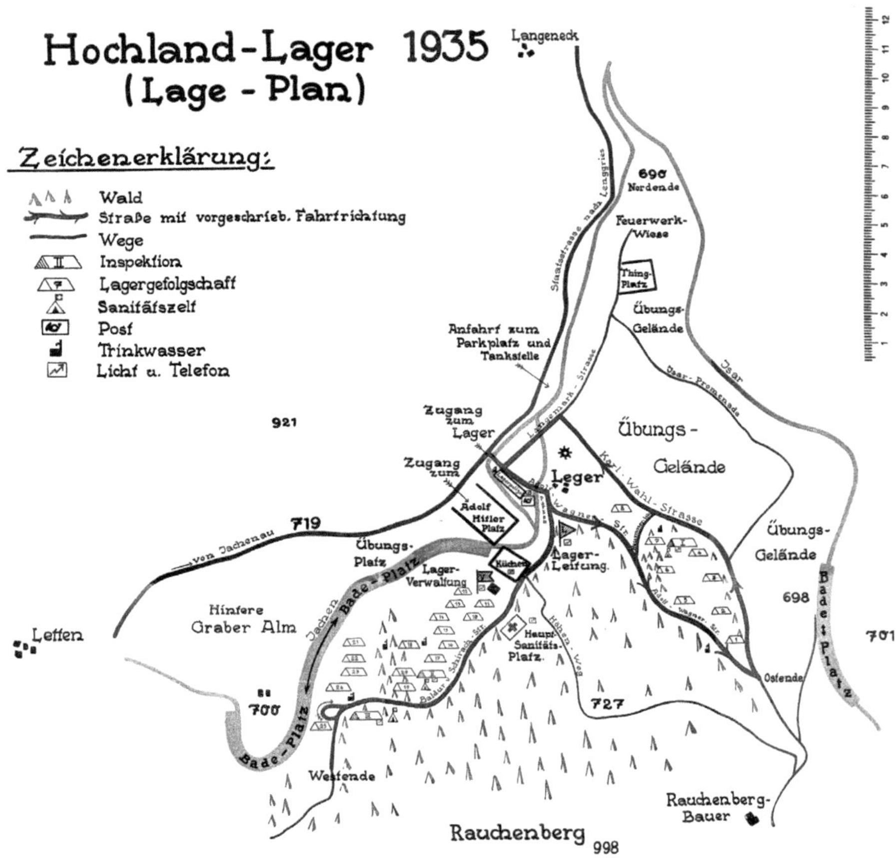

Plan Hochlandlager Lenggries, 1935.

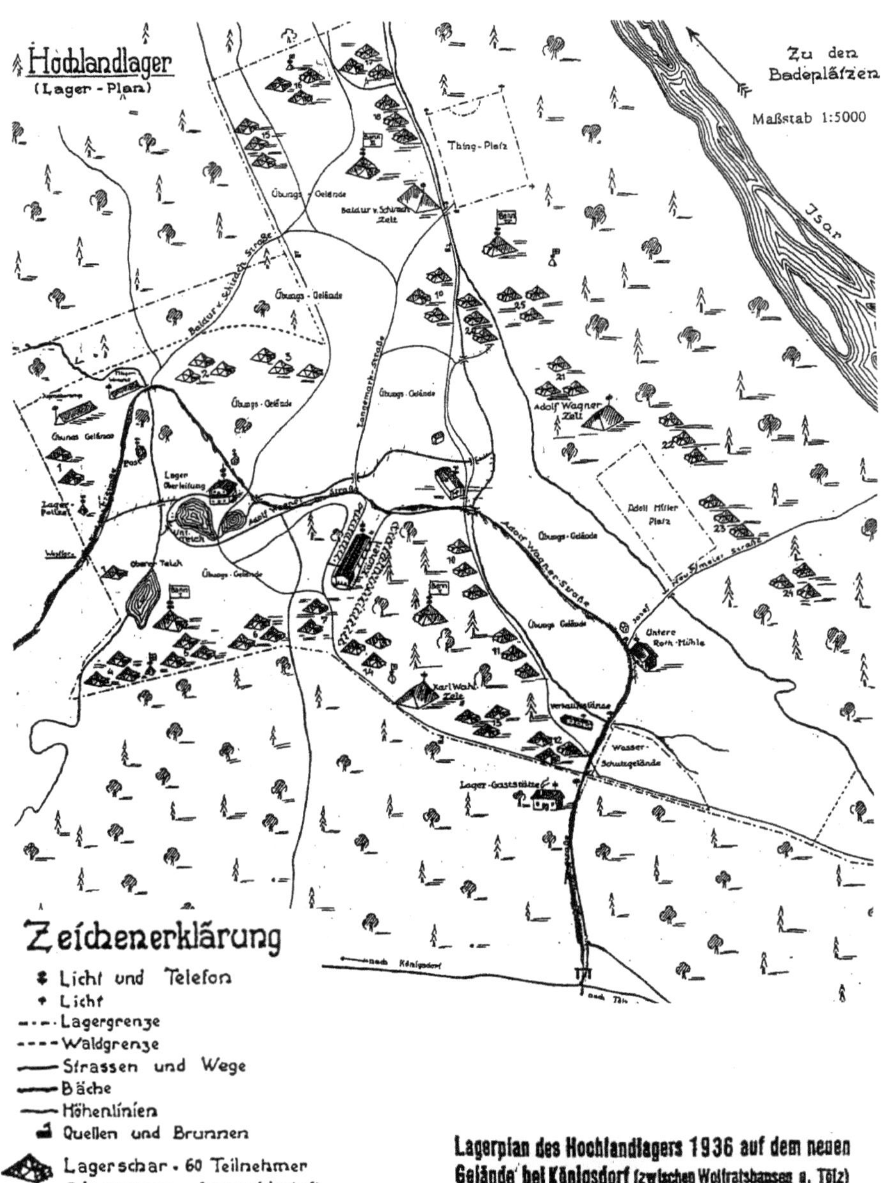

Plan Hochlandlager Königsdorf, 1936.

Reichsjugendführung [Hrsg.], »Arbeitsrichtlinien der Hitler-Jugend. Die weltanschauliche Schulung in den Bannausbildungslagern«, Berlin, Dezember 1944

1. Schulungsstunde: Die Ursachen des Krieges

Der äußere Anlaß des Krieges

Als unsere Feinde am 1. September 1939 erneut über das Reich herfielen, begründeten sie ihr Vorgehen gegen uns mit der Unzulässigkeit der Rückkehr Danzigs in das Reich und mit der angeblichen Bedrohung der polnischen Unabhängigkeit durch Deutschland. So unbedeutend uns dies heute auch erscheinen mag – in einer Hinsicht sind gerade diese äußeren Anlässe unseres Freiheitskampfes überaus bedeutsam. Denn wenn man uns wegen dieser Fragen 1939 den Krieg erklärte, dann müßten diese Fragen auch notwendigerweise die Kriegsziele unserer Feinde enthalten. Es wird aber auf der ganzen Welt niemanden geben, der den rein deutschen Charakter Danzigs etwa bestritte. Danzig ist ebenso wenig polnisch, wie etwa Mainz französisch. Oder Innsbruck italienisch ist. Desgleichen kann niemand bestreiten, daß der polnische Größenwahn monate-, ja jahrelang das Deutsche Reich geradezu herausgefordert hatte und in der Ermordung von mehr als 65.000 Deutscher in Polen seinen furchtbaren Höhepunkt fand. Also nicht etwa wir bedrohten Polen, sondern Polen bedrohte ganz im Gegenteil unsere Ostgrenze. Dennoch eröffnete man im September 1939 um Danzigs und Polen willen, gegen uns den Krieg. Geht es auch heute noch um Danzig? Kämpfen unsere Feinde auch heute noch um ein unabhängiges Polen? Hat der nordamerikanische Präsident Roosevelt sein Volk in den Krieg gehetzt, um Danzigs Rückkehr zum Reich zu verhindern? Hat die Sowjetunion bis zum heutigen Tage mehr als 10 Millionen Soldaten in unsere Maschinengewehre getrieben, weil sie eine Bedrohung Polens durch uns befürchtet? Opfert England Stück um Stück seines zusammengeraubten Weltreiches, nur um Polen zum Danziger Hafen zu verhelfen? Unsere Feinde haben auf diese Fragen bereits längst selbst eine offene Antwort gegeben. Polen ist durch England längst kaltblütig dem bolschewistischen Henker geopfert worden. Von Danzig spricht heute kein Mensch mehr. Das einzig wahre Kriegsziel ist die Vernichtung des Reiches und die Ausrottung des deutschen Volkes!

Das Wesen des jüdischen Weltherrschaftsstrebens

Die Juden halten sich für das auserwählte Volk dieser Erde. Sie sind nicht einmal ein Volk, sondern ein über die ganze Welt verstreutes Rassegemisch aus einstigen vorderasiatischen Wüsten- und Nomadenstämmen. Dieses Gefühl der Auserwähltheit ist für die Juden der unablässige Trieb nach Beherrschung aller Völker und Länder. Wo sie sich auch niedergelassen haben mögen, welche Völker sie auch beherbergen – in jedem Volk gibt es Juden – stets setzen sie alles daran, die Lebensgrundlagen der sie beherbergenden Völker zu zerstören. Vornehmlich im Kultur- und Wirtschaftsleben reißen sie alle Schlüsselstellungen an sich und unterhöhlen damit langsam und sicher die Lebenskräfte ihrer Wirtsvölker. Auf den zusammenbrechenden Völkern und dem entstehenden Chaos hoffen sie dann ihre Weltherrschaft errichten zu können. Ihr tödlichster Haß aber gilt dem deutschen Volk.

Warum sieht der Jude in uns seinen tödlichsten Feind?

Allen Völkern der Erde gab die Vorsehung besondere Fähigkeiten und Begabungen. Auf den verschiedensten Gebieten haben viele Völker hervorragende Leistungen vollbracht. Kein Volk aber hat in allen Lebensbereichen so große und gewaltige Leistungen vollbracht, wie das deutsche. In seinem Streben nach Vernichtung aller Völker und Beherrschung der Welt ist das deutsche Volk für den Juden das größte Hindernis. Je stärker und kraftvoller ein Volk ist, je entschlossener und fanatischer es sich zum Recht auf sein Eigenleben bekennt, desto schwieriger ist es zu überwinden. Daher ist die Schöpferkraft des deutschen Volkes die entscheidende Macht, die der Jude zerbrechen muß, will er jemals die Herrschaft über diese Erde gewinnen.

1933 – das Jahr des Zusammenbruches der jüdischen Machtstellung in Deutschland

Das internationale Weltjudentum hatte daher nichts unversucht gelassen, sich in Deutschland immer stärkere Machtpositionen zu schaffen. Nach dem verlorenen Weltkrieg gelang ihm dieses um so leichter, als ihm durch das landesverräterische Treiben des Marxismus und Bolschewismus Tür und Tor geöffnet waren. Der 30. Januar 1933 beendete mit einem Schlage alle jüdischen Machtträume in Deutschland. Der Nationalsozialismus führte unser Volk zu der Erkenntnis seiner eigenen Kraft und Größe, wie nie zuvor, riß dem internationalen Judentum die Maske vom Gesicht und schuf mit der Verkündigung eines neuen sozialen Glaubens die Voraussetzung für einen erfolgreichen Kampf gegen diesen ewigen Störenfried der Menschheit. Es entstand die riesengroße Gefahr der Aufklärung aller Völker über die jüdische Weltpest.

Was war die Antwort des Judentums auf den 30. Januar 1933?

Mit einem Schlage war der Sozialismus, wie Adolf Hitler ihn verkündete und verwirklichte, für den Juden der große Weltfeind Nr. 1 geworden. Die jahrelange Knechtung unzähliger Völker durch den jüdischen Kapitalismus und die bewußt geschürte Klassenkampfhetze der internationalen Judenparteien, die Ausbeutung der schaffenden Werktätigen aller Berufe und die Zersetzung des Kulturlebens in allen Ländern – alle diese Kampfmethoden des Weltjudentums wurden durch den Nationalsozialismus schonungslos angeprangert. Die Gefahr wuchs, daß eines Tages die Völker der Erde gleich dem deutschen Volk den großen Betrug erkennen würden, den der Jude an ihnen beging. Daher war die Antwort des Judentums auf die Machtergreifung durch den Nationalsozialismus eine sofort einsetzende Hetze übelster Art gegen Deutschland. In der damaligen Zeit gab es nicht wenige, die sich darüber wunderten, daß das Erstarken eines Volkes und das Bekenntnis zur eigenen Art in der Welt eine derartige Welle der Wut und des Hasses hervorrufen könnte. Wer den Juden kennt, hat sich hierüber nie gewundert.

Die jüdischen Zersetzungs- und Irrlehren

Wir dürfen niemals müde werden, allen Völkern der Erde immer wieder die riesengroße Gefahr des internationalen Judentums vor Augen zu halten. Hierzu gehört in allererster Linie eine Kenntnis derjenigen Mittel, die der Jude im Kampf gegen die Lebensgrundlagen der Völker anzuwenden pflegt. Zwei entscheidende Glaubensvorstellungen sind es vor allem gewesen, die durch das Judentum im vorigen Jahrhundert entwickelt und allen Völkern als allein-seligmachende Daseinsideale verkündet wurden: Der Liberalismus und der Marxismus.

Was bedeutet der Liberalismus?

Der Begriff des Liberalismus kommt vom lateinischen Wort »liber« (= frei) und bedeutet die Lehre von der Freiheit. In dieser in jüdischen Gehirnen entwickelten Lehre wird die Freiheit der Person verkündet. Jeder könne tun und lassen, was er wolle. Volk und Vaterland seien überholte Begriffe. Der Einzelne sei über sein Tun und Handeln daher niemandem Rechenschaft schuldig als sich selbst. Da alle Menschen gleich seien, gelte für alle Menschen auch nur dies eine Gesetz der schrankenlosen und hemmungslosen Freiheit.

Was war das Ergebnis des Liberalismus?

Das Ergebnis dieser jedes völkische Eigenleben tödlich bedrohende Lehre war das Entstehen eines schrankenlosen Kapitalismus. Insbesondere auf dem Gebiet der Wirtschaft wirkte der Liberalismus sich verheerend aus. Jeder dachte nur an sich selbst, scheffelte das Geld haufenweise und kümmerte sich nicht mehr im geringsten um die Arbeiterschaft, die dadurch immer mehr in schwerste wirtschaftliche Nöte geriet. Je geringere Löhne dem Arbeiter bezahlt wurden, desto größer war ja die Verdienstmöglichkeit für den Unternehmer. Damit wurde jedes Gemeinschaftsgefühl untergraben, jede Volksgemeinschaft zerrissen.

Was bedeutet der Marxismus?

Der Begriff des Marxismus wird abgeleitet von seinem Verkünder, dem Juden Karl Marx. Der Marxismus verkündet die Theorie des Klassenkampfes der »Arbeitnehmer« gegen die »Arbeitgeber«. Da alle Menschen gleich seien, dürfte niemand mehr besitzen, als ein anderer. Wenn einer mehr besitzt, so dürfe man ihm dieses Mehr an Besitz nehmen und auf alle anderen verteilen. Alle Werte gehörten der Gesamtheit, Eigentum sei daher Diebstahl. Zur Erreichung dieser marxistischen Daseinsziele müßten sich die »Proletarier« aller Länder vereinigen. Vaterland, Volk, Nation oder Rasse seien Begriffe, die beseitigt werden müßten.

Der Marxismus ist daher die bewußte Ausnutzung der durch den Liberalismus geschaffenen Zustände!

Was war das Ergebnis des Marxismus?

Das Ergebnis des Marxismus war die weitere Vertiefung der durch den jüdischen Liberalismus bereits entstandenen volkszerstörenden (sic!) Zustände. Durch die planmäßige Aufhetzung der Arbeiterschaft und das ständige Schüren zum Klassenkampf wurden alle wirtschaftlichen Nöte nicht nur nicht beseitigt, sondern im Gegenteil vergrößert und vertieft. Die Schranken zwischen den einzelnen Völkern drohten immer stärker zu zerfallen, das Rassenchaos und damit die Voraussetzung zur Errichtung einer totalen jüdischen Weltherrschaft rückten in immer greifbarere Nähe. Insbesondere durch die verschärfte Form des Marxismus, durch den Bolschewismus wird bereits offen die große Weltrevolution der »arbeitenden Massen« gefordert und damit die Auslieferung der Erde an den Juden planmäßig vorbereitet.

Wir wehren uns gegen diese Irrlehren. Das ist die Ursache des jüdischen Krieges gegen uns!

Der Kern dieser jüdischen Irrlehren ist die Behauptung von der Gleichheit alles dessen, was Menschenanlitz trägt. Wir wissen, daß alle Menschen ungleich sind, daher niemals alle Völker vernichtet, alle Rassen miteinander vermischt werden dürfen. Es gibt keine internationale Menschheitslehre. Denn weil alle Menschen und Völker verschieden sind, kann jedes Volk nur nach arteigenen Lebensgesetzen bestehen. Diesen Erkenntnissen entspringt auch die Liebe zu unserem eigenen Volk. Das nationalsozialistische Großdeutschland ruht auf dem Bekenntnis zum Volk. Das internationale Judentum hat daher diesen Krieg zur Vernichtung Großdeutschlands entfesselt, weil sein eigenes Weltherrschaftsstreben nur durch die Zerstörung aller Völker zu verwirklichen ist.

Durften wir diesem Krieg ausweichen?

Der Führer sieht den Kern der Weltgeschichte im Ringen zwischen arischen und jüdischen Menschen. Das Judentum ist die Gegenrasse der nordischen. Sie will überall unsere Vernichtung. Die jüdische Weltpresse und die judenhörigen Staatsmänner der Feindmächte werden nicht müde, die Ausrottung unseres Volkes zu fordern. Bereits vor Ausbruch des Krieges haben Stalin, Churchill und Roosevelt alle Vorbereitungen für einen neuen Weltkrieg mit dem Ziel der Vernichtung aller Deutschen getroffen. Aus diesem Grund hat uns England den Krieg erklärt. Wir hatten daher keine Möglichkeit, diesem Krieg auszuweichen, falls wir uns nicht selber aufgeben wollten. Kein Deutscher aber ist so ehrlos, den Untergang des Volkes zu wollen. Ein einziges Mittel kann uns retten: unser bedingungsloser Einsatz in diesem Freiheitskampfes unseres Volkes. Unsere Feinde wollten den Krieg, wir wollen unsere Freiheit. Daher müssen wir in diesem Kriege siegen.

Kerngedanken dieser Schulungsstunde

- *Es geht unseren Feinden nicht um Danzig und Polen, sondern um die Vernichtung des deutschen Volkes u. Reiches.*
- *Unser größter und unerbittlichster Feind ist der Jude.*
- *Das Judentum strebt die Beherrschung aller Völker an und will diese daher vernichten.*
- *In diesem Streben des Juden ist unser Volk das größte Hindernis, weil es das stärkste und beste ist.*
- *Der Nationalsozialismus hat das deutsche Volk so stark gemacht, wie nie zuvor.*
- *Daher ist das Judentum seit dem 30. Januar 1933 zur Vernichtung Deutschlands mit allen Mitteln entschlossen gewesen.*
- *Liberalismus und Marxismus sind die beiden großen Irrlehren, mit denen der Jude die Völker zersetzt.*
- *Beide leugnen das Volk; sie erklären alle Menschen für gleich und verneinen damit das Naturgesetz der Rasse.*
- *Unsere Weltanschauung erhebt das Volk zum Mittelpunkt des Lebens, weil der Einzelne nichts ohne sein Volk bedeutet.*
- *Dieser unüberbrückbare Gegensatz zwischen uns und dem Juden ist die Ursache dieses Krieges.*

Literaturverzeichnis

Archive

Archiv des Erzbistums München-Freising
Bayerisches Hauptstaatsarchiv (BayHStA)
Bundesarchiv Berlin (BArch)
Institut für Zeitgeschichte München (IfZ)
Marktarchiv Murnau am Staffelsee (MAM)
Schlossmuseum Murnau
Staatsarchiv Augsburg (StAA)
Staatsarchiv München (StAM)
Stadtarchiv München (StadtA Mü)

Primärquellen

Brennecke, Fritz: Handbuch für die Schulungsarbeit in der HJ. Vom deutschen Volk und seinem Lebensraum, München 1937 (IfZ 44.35).

Dörner, Claus: Freude, Zucht, Glaube. Handbuch für die kulturelle Arbeit im Lager, Potsdam 1937 (IfZ 00 / W 284).

Gebiet 19, Hochland, Abteilung P: Lagerzeitung 1, 12.8.1934 (BayHStA PrSlg Rhese).

Gebiet 19, Hochland, Abteilung P: Lagerzeitung 2, 21.8.1934.

Gebiet 19, Hochland, Abteilung E und S: Jungvolk im Dienst, Nr. 15, Leitsätze zur Durchführung des 16. Staatsjugendtages 1935, München 1935.

Gebiet 19, Hochland: Gebietsbefehle 1938 (IfZ 044.067).

Keppler, E.: Das Thingspiel, in: Wille und Macht 3, 1935, Heft 3, S. 17–20.

Klein, Emil: 25 Jahre umsonst? Von 1920 bis 1945. Ein Lebenslauf in Dokumenten im Blickfeld der Politik. Betrachtet im Jahre 1985, München 1985 (BayHStA NL Emil Klein 3).

Ders.: Lagerordnung im Hochlandlager 1934, München 1934.

Ders.: Lagerordnung im Hochlandlager 1935, München 1935 (StAM LRA 134326).

Pantel, Gerhard: Potempa-Beuthen. Ein Signal für alle Deutschen, München 1932 (IfZ 11 / Db 022.026-21).

Ders.: Befehl Deutschland. Ein Tagebuch vom Kampf um Berlin, Berlin 1936 (IfZ 00 / E 484).

Ders: Hochlandlager. Die große Schule des Gebiets Hochland, Berlin 1935.

Reichsjugendführung, Abteilung I: Bekleidung und Ausrüstung der Hitler-Jugend, Berlin 1934 (IfZ 44.90).

Reichsjugendführung, Abteilung P: Gliederung und Anschriften der Hitler-Jugend. Amtliche Gliederungsübersicht der Reichsjugendführung der NSDAP, Berlin 1934 (IfZ Db 44.25).

Reichsjugendführung: Verordnungsblatt [Hitlerjugend] Folge 83, 2. Jahrgang, Berlin 15.1.1934 (IfZ Db 044.002).

Reichsjugendführung: Verordnungsblatt [Hitlerjugend] Folge 107, 2. Jahrgang, Berlin 15.3.1934 (IfZ Db 044.002).

Reichsjugendführung: Aufbau und Abzeichen der Hitler-Jugend, Berlin 1940 (IfZ Db 44.60).

Reichsjugendführung: Arbeitsrichtlinien der Hitler-Jugend. Kriegseinsatz der Hitler-Jugend 22/42, Berlin 1942 (IfZ Db 44.34).

Reichsjugendführung: Arbeitsrichtlinien der Hitler-Jugend. Die Weltanschauliche Schulung in den Bannausbildungslagern, Berlin 1944 (IfZ Db 44.34).

Reichsjugendführung: Arbeitsrichtlinien der HJ. Die Ausbildung der Mädelführerinnenanwärterinnen, Berlin 1941.

Rothaus, Rudolf: Grünwalder Chronik im Dritten Reich (1933–1942), München 1993.

Seybold, Heiner: Presse- und Propagandaabt. D. Gebietes 19 Hochland: Unser Hochlandlager, München 1936.

StadtA Mü BuR. 1927.

StAM Spruchkammern Karton 4245

Sekundärliteratur

Angress, Werner T.: Generation zwischen Angst und Hoffnung. Jüdische Jugend im Dritten Reich, Hamburg 1985.

Beevor, Antony: D-Day. Die Schlacht um die Normandie, München 2010.

Buddrus, Michael: Totale Erziehung für den totalen Krieg. Hitlerjugend und nationalsozialistische Jugendpolitik I/II, Berlin 2002.

Ders.: »Wir fahren zum Juden Geld holen«, in: Jahrbuch des Archivs der deutschen Jugendbewegung 18, 1993–1998.

Dahms, Volker: Die tödliche Utopie: Bilder, Texte, Dokumente, Daten zum Dritten Reich, in: Die nationalsozialistische Volksgemeinschaft, herausgegeben vom Institut für Zeitgeschichte, München 2002.

Giesecke, Hermann: Vom Wandervogel zur Hitlerjugend. Jugendpolitik zwischen Politik und Pädagogik, München 1981.

Höffkes, Karl: Hitlers politische Generale. Die Gauleiter des Dritten Reiches, Tübingen 1986.

Longerich, Peter: Heinrich Himmler. Biographie, München 2008.

Kater, Michael: Hitler-Jugend, Darmstadt 2005.

Klein, Emil: Russland 1941. Tagebuch eines Blutzeugen, Bochum 2011.

Klönne, Arno: Jugend im Dritten Reich. Die Hitlerjugend und ihre Gegner, Köln 2003.

Hruschka, Marion: Markt Murnau am Staffelsee. Beiträge zur Geschichte, herausgegeben vom Markt Murnau am Staffelsee, Band 1, St. Ottilien 2002.

Mogge, Winfried: »Sehnsucht nach Einigkeit«. Aufbau und Ende der deutschen Jugendverbände, in: Jugendverbände und Nationalsozialismus. Dokumente zur ideologischen und politischen Auseinandersetzung, herausgegeben vom Deutschen Bundesjugendring, Schriftenreihe des Deutschen Bundesjugendringes 5, Bonn 1981.

Ohorn, Falk: »Die jungen Herrscher der Lüfte«. Wie die NS-Propaganda die Flugleidenschaft Jugendlicher für ihre Zwecke nutzte, in: Süddeutsche Zeitung, Nr. 65, 18 / 19. März 1995.

Piper, Ernst: Alfred Rosenberg. Hitlers Chefideologe, München 2005.

Pöllath, Christian: Nationalsozialismus in Erbendorf. Die politischen Anfänge des Gauleiters Adolf Wagner, Regensburg 2006.

Rebenich, Stefan: Alte Geschichte in Demokratie und Diktatur. Der Fall Helmut Berve, in: Chiron 31, 2001, S. 457–496.

Remold, Josef: Handbuch für die Hitler-Jugend, Dießen 1933.

Remold, Josef: Berg und Mensch. Ein besinnliches Büchlein für den Sonntag, München 1959.

Remold, Josef: Erlebtes und Erschautes aus sowjetischer Gefangenschaft, München 1963.

Remold, Josef: Tagebuch eines Bataillonskommandeurs des III. Gebirgsjägerregiments 99 im Frankreichfeldzug, München 1967.

Reuth, Ralf Georg (Hrsg.): Joseph Goebbels Tagebücher 1924–1945, Band 2.

Rösch, Matthias: Die Münchner NSDAP 1925–1933. Eine Untersuchung zur inneren Struktur der NSDAP in der Weimarer Republik, München 2002.

Schultz, Jürgen: Die Akademie der Jugendführung der Hitlerjugend in Braunschweig, Braunschweig 1978.

Seitz, Friedemann: Die Kinderfreunde / Die Falken. Bezirk 1948. Gründung, Aufbau, Verbot und Wiederaufbau einer sozialdemokratischen Organisation, Archiv der Arbeiterbewegung, 20, 2010.

Siemens, Daniel: Horst Wessel. Tod und Verklärung eines Nationalsozialisten, München 2009.

Stangneth, Bettina. Eichmann vor Jerusalem. Das unbehelligte Leben eines Massenmörders, Haburg 2014.

Stommer, Rainer: Die inszenierte Volksgemeinschaft. Die Thingbewegung im Dritten Reich, Marburg 1985.

Struif, Irene, in Marita Kraus [Hrsg.], Rechte Karrieren in München. Von der Weimarer Zeit Bis In Die Nachkriegsjahre, München 2010, 133 – 151.

Tobias, Jim G.: Sie sind Bürger Israels. Die geheime Rekrutierung jüdischer Soldaten außerhalb von Palästina / Israel unter besonderer Berücksichtigung der Mobilmachung im Nachkriegsdeutschland 1946 bis 1948, Nürnberg 2007.

Tworek, Elisabeth: Horváth und Murnau. 1924–1933, Murnau / Wien 1988.

Vitári, Zsolt: Massensuggestion und Militärdrill. Kapitel aus der Geschichte des Hochlandlagers der Hitlerjugend, Pécs 2001.

Weinrich, Arndt: Der Weltkrieg als Erzieher. Jungend zwischen Weimarer Republik und Nationalsozialismus, Düsseldorf 2013.

Tondokument

Zeitzeugengespräch mit Tippelt, in: Jugendbildungsstätte Hochland, Damals, hier und heute, Der 8. August 1942.

Internetquellen (zuletzt geöffnet am 27. Mai 2012)

www.dhm.de/lemo/html/biografien/SchirachBaldur/
www.buergervereinigung-landsberg.de/stadtderjugend/dokufilm.htm
www.a-wagner-online.de/todesmarsch/marsch09.htm
www.junge-nationaldemokraten.de/index.php/hessen/91-neuigkeiten/1859-mitten-unter-euch
www.polizei.bayern.de/content/8/2/0/0216_geschichte_wefr.pdf

Abbildungsverzeichnis

Weitere Publikationen zur Thematik »Nationalsozialismus« im Allitera Verlag

Sabine Brantl

Haus der Kunst, München

Ein Ort und seine Geschichte im Nationalsozialismus

Das Haus der Kunst gehört heute zu den profiliertesten internationalen Orten für moderne und zeitgenössische Positionen in der Kunst. Gleichzeitig birgt das Haus Erinnerungen an die fatale Verbindung von Kunst, Politik und Propaganda im Dritten Reich.

ISBN 978-3-86520-242-0, 152 S., Paperback, € 14.90

Knud von Harbou

Wege und Abwege

Franz Josef Schöningh, Mitbegründer der Süddeutschen Zeitung

Franz Josef Schöningh (1902–1960) wurde als bildungsbürgerlicher Intellektueller intensiv von vier Phasen deutscher Geschichte geprägt: dem Kaiserreich, der Weimarer Republik, dem Dritten Reich und der jungen Bundesrepublik. Die US-Behörden ernannten ihn 1946 zum Mitherausgeber der Süddeutschen Zeitung. Sein Wirken im Feuilleton spiegelt die konservative Grundhaltung der Süddeutschen Zeitung nach dem Krieg wider; aufgezeigt wird aber auch ihre legendäre Gründungsgeschichte.

ISBN 978-3-86906-482-6, 360 S., Klappenbroschur, € 22.90

Alexander Krause

Arcisstraße 12

Palais Pringsheim – Führerbau – Amerika Haus – Hochschule für Musik und Theater

Die Umgebung des Königsplatzes war im 19. Jahrhundert eine attraktive Wohngegend, in der wohlhabende Künstler wie Richard Wagner oder Franz von Lenbach residierten. Die Nationalsozialisten sahen im klassizistischen Rahmen des Königsplatzes einen geeigneten Standort für ihre Selbstinszenierung. Alexander Krause recherchiert in diesem Band mit zahlreichen Abbildungen die wechselvolle Geschichte der Adresse Arcisstraße 12 – nicht nur ein Stück Münchner Kultur- und Geistesgeschichte, sondern auch ein trauriges Kapitel der Weltgeschichte.

ISBN 978-3-86520-094-5, 84 S., Paperback, € 9.90

Christine Kuller und Maximilian Schreiber

Das Hildebrandhaus

Eine Münchner Künstlervilla und ihre Bewohner in der Zeit des Nationalismus

Mit zahlreichen erstmals veröffentlichten Dokumenten und Fotografien wird die wechselhafte Biografie einer Künstlervilla im Münchner Stadtteil Bogenhausen aufgezeigt, die heute die Monacensia-Bibliothek und das Literaturarchiv der Stadt München unter ihrem Dach beherbergt.

ISBN 93-86520-130-x, 184 S., Paperback, € 15.90

Veit J. Schmidinger und Wilfried F. Schoeller

Transit Amsterdam

Deutsche Künstler im Exil 1933–1945

Mit der Machtübertragung an die Nationalsozialisten im Januar 1933 beginnt die größte Flucht von Kulturschaffenden, die Deutschland und Europa bis dahin erlebt haben. Eine Fülle von bisher unveröffentlichten Briefen, Tagebüchern und Photos zeichnen Lebensbedingungen und Lebensläufe der nach Amsterdam emigrierten Künstler und Literaten nach.

ISBN 978-3-86520-241-3, 260 S., Paperback, € 24.00

Ulrike Voswinckel und Frank Berninger (Hg.)

Exil am Mittelmeer

Deutsche Schriftsteller in Südfrankreich von 1933–1941

Bereits vor 1933 war die südfranzösische Küste Anziehungspunkt für Intellektuelle und Schriftsteller. Nach der Machtübernahme der Nationalsozialisten in Deutschland wurde sie zu Arbeitsort und Exilstation für viele Emigranten. Dieses Buch zeichnet anhand bisher zum großen Teil unveröffentlichter Briefe und Dokumente aus den Nachlässen von Klaus und Erika Mann, Anette Kolb, Alfred Neumann und Hermann Kesten zahlreiche Schicksale deutscher Schriftsteller nach.

ISBN 978-3-86520-113-3, 284 S., Paperback, € 26.00